UNIVERSITÉ DE FRANCE
ACADÉMIE DE PARIS

ISAAC PAPIN

ÉTUDE HISTORIQUE ET DOGMATIQUE

THÈSE

Présentée à la Faculté de Théologie protestante de Paris
Pour obtenir le grade de Bachelier en Théologie
ET SOUTENUE PUBLIQUEMENT
Le Samedi 28 juillet 1883, à 4 heures

PAR

P.-A. DORMOY
DE PARIS

LAIGLE
IMPRIMERIE F. GUY, 4, RUE DES TANNEURS

1883

UNIVERSITÉ DE FRANCE
ACADÉMIE DE PARIS

ISAAC PAPIN

ÉTUDE HISTORIQUE ET DOGMATIQUE

THÈSE

Présentée à la Faculté de Théologie protestante de Paris
Pour obtenir le grade de Bachelier en Théologie
ET SOUTENUE PUBLIQUEMENT
Le Samedi 28 juillet 1883, à 4 heures

PAR

P.-A. DORMOY
DE PARIS

LAIGLE
IMPRIMERIE F. GUY, 4, RUE DES TANNEURS

1883

FACULTÉ DE THÉOLOGIE PROTESTANTE DE PARIS

EXAMINATEURS DE LA SOUTENANCE

M. Viguié, *Président de la soutenance.*

MM. Viguié,
Vaucher,
Ph. Berger,
} *Examinateurs.*

La Faculté n'entend approuver ni désapprouver les opinions particulières du candidat.

A la Mémoire de ma Mère

A MES PARENTS

Hommage respectueux et reconnaissant,

PAUL-AMOS DORMOY.

INTRODUCTION

Dans le Protestantisme contemporain, ceux qui connaissent le nom d'Isaac Papin sont peu nombreux; ceux qui ont lu ses ouvrages sont encore plus rares. Et cependant nul de nous n'ignore que cet air vivifiant de la liberté religieuse que nous respirons, ne fut point connu de nos ancêtres les Huguenots. Nous sommes transportés d'admiration en lisant les paroles enflammées de Rabaut-Saint-Etienne à la Constituante, réclamant et obtenant pour chaque citoyen la liberté d'adorer Dieu selon sa conscience. Souvenons-nous qu'à cette époque la moisson commençait à blanchir, et qui dit moisson suppose le labeur obscur des semailles. Notre intention est de retracer à grands traits l'histoire très agitée d'un de ces inconnus qui ont travaillé à poser les fondations de l'édifice qui nous abrite aujourd'hui. Papin est parmi les premiers de ceux qui ont défendu, sous le nom de « Tolérance » le principe de la liberté de conscience. A ce titre, quelles que soient d'ailleurs ses faiblesses et ses défaillances, il a droit à notre reconnaissance. Tel est le motif qui nous a déterminé à traiter ce sujet : Isaac Papin, au point de vue historique et dogmatique. Si cette étude n'est pas palpitante d'intérêt, elle aura certainement pour plusieurs l'attrait de la nouveauté.

CHAPITRE PREMIER

Aperçu général des tendances dogmatiques à la veille de la Révocation.

La doctrine de Calvin et ses successeurs. — L'Arminianisme. — Le Socinianisme. — La « Réunion du Christianisme ». — « L'Universalisme hypothétique ».

A la fin du XVIIe siècle, la piété réformée avait subi une profonde transformation ; ce n'était pas un progrès qu'elle avait réalisé ; c'était une malheureuse déviation qu'elle avait subie. La piété profonde et vraie des premiers jours de la Réforme, avait cédé le pas au formalisme, au culte de la formule et du dogme. La théorie de la Prédestination, si éloquemment définie par Calvin dans son « *Institution chrétienne* », était le résultat, non pas tant d'une logique inexorable, comme on lui en fait si souvent le reproche, que d'une conception religieuse qui, pour arracher l'homme à la domination despotique du prêtre, le jette entre les bras de Dieu et en fait son esclave. Dans la solution du terrible problème du péché, Calvin ne voit qu'une chose : « *l'honneur de Dieu* » qui doit être exalté, quelles qu'en soient les conséquences pour l'homme. Aussi ne craint-il pas d'anéantir la Créature devant le Créateur, de la proclamer foncièrement corrompue et incapable de pouvoir et même de vouloir la *moindre parcelle de bien.* La logique du système devait forcément entraîner Calvin à des conclusions extrêmes, comme la prédestination, de toute éternité, du petit nombre des élus pour le salut, et du reste des hommes pour la perdition. « Nous appelons prédestination, dit-il (1), le conseil éternel de Dieu par lequel il a déterminé ce qu'il voulait faire d'un chacun homme. Car il ne les crée pas tous en pareille condition; mais ordonne les uns à vie éternelle, les autres à éternelle damnation. Ainsi, selon la fin à laquelle est créé l'homme, nous disons qu'il est prédestiné à mort ou à vie ».

En prenant ces paroles isolément, et à ne considérer que la lettre, enveloppe souvent trompeuse de la pensée, une telle affirmation est la négation de la liberté humaine au profit de la volonté arbitraire de Dieu. Mais si nous pénétrons l'esprit qui l'a dictée, ce n'est pas le fatalisme que nous y verrons, mais l'affirmation de la grâce souveraine de Dieu apportée par Jésus-Christ, proclamée par l'Ecriture, et scellée en l'homme par le Saint-Esprit. Le sentiment de la grâce doit tout dominer et tout subjuguer. Le chrétien réformé s'abîme devant Dieu qui est tout pour lui; il s'abandonne à lui corps et âme; il doit être défiant à l'égard de tout ce qui vient de l'homme, et tout sacrifier à Dieu pour retrouver tout en Lui, mais renouvelé et transfiguré; en un mot mourir pour vivre, selon cette parole de Jésus-Christ : *Celui qui perdra sa vie..., la retrouvera* (Luc, IX, 24). Telle est, croyons-nous, la pensée maîtresse qui parcourt et pénètre d'un souffle de vie tout le système calviniste.

(1) Inst. chrét., III, 21, 5.

Malheureusement les successeurs de Calvin attachèrent trop d'importance au côté formel du système. La Prédestination devient la forteresse où ils se retranchent. Ils en font le dogme par excellence et lui donnent la place d'honneur dans leurs confessions de foi. Alors commença le règne de la scolastique protestante (1), de l'intellectualisme ; le syllogisme joua un rôle important dans les discussions théologiques. Cette méthode rabbinique des distinctions insaisissables était poussée si loin, qu'on parvenait à des résultats surprenants dans l'art de bâtir sur une pointe d'aiguille. En un mot l'esprit qui vivifie fut moins cultivé que la lettre qui tue. Sous l'action de ce courant funeste, la sève fortifiante de la piété se retira peu à peu ; il ne resta que l'enveloppe, la forme philosophique du dogme de la Prédestination qui, dans sa logique implacable, pouvait conduire à l'immoralité ou au désespoir.

Les synodes eux-mêmes n'étaient souvent que la répétion en grand des discussions particulières. Par leur esprit autoritaire et leurs décisions absolues, ils attisaient plutôt qu'ils ne calmaient le feu des passions. C'étaient moins des pasteurs assemblés pour s'occuper du règne de Dieu que des juges réunis pour prononcer des sentences d'exclusion. La doctrine de la prédestination à outrance ainsi représentée et défendue, ne pouvait que voir se développer et s'affermir l'opposition suscitée contre elle par des esprits sérieux, qui tentèrent une réaction en affirmant que si Dieu était tout-puissant, l'homme n'en était pas moins un être libre, ayant la faculté de rejeter ou d'accepter la grâce divine. Cet essai de réaction, connu

(1) Scherer. Précis de dogmatique.

sous le nom d'*Arminianisme*, a été formulé par *Arminius* et développé par son disciple *Episcopius*. Ses successeurs dépassèrent ses vues et proclamèrent la grâce accessible à tous les hommes par la foi au sacrifice rédempteur du Christ. La grâce n'était donc pas irrésistible, mais conditionnée par la foi, et limitée, quant à son action sur l'âme, par la liberté humaine. Cette tendance fut longuement examinée, discutée, soutenue et combattue au Synode de *Dordrecht* (1618-1619), qui la condamna comme hérétique. Les *Arminiens*, mieux connus sous le nom de « *Remonstrants* », furent l'objet d'une persécution violente, surtout dans les Eglises de Hollande. Plus de deux cents pasteurs furent déposés ou bannis. L'Eglise réformée de France, au Synode d'Alais (1620) s'associa, par une décision solennelle, aux articles et décrets de Dordrecht, et prit des mesures rigoureuses pour en assurer le maintien ; ce qui n'empêcha pas le levain de l'Arminianisme de pénétrer les Eglises (1).

En effet, une tendance qui n'était pas nouvelle, mais beaucoup plus dangereuse que celle d'*Arminius*, s'affirmait de plus en plus. Nous voulons parler de l'*Antitrinitarisme*, qui eut, au commencement du XVIIe siècle, un regain de nouveauté, et porta le nom de *Socinianisme* (2). A l'exception des noms bien connus de *Michel Servet*, *Lelio* et *Fauste Socin*, l'oncle et le neveu, cette tendance compta peu d'hommes de talent et de génie, mais en revanche un grand nombre d'esprits sérieux et érudits, bien qu'obscurs. Le *Socinianisme* est une réaction contre le Calvinisme strict en faveur de la raison. C'est un ratio-

(1) Encyclopédie Lichtenberger. Art. *Arminianisme*, par A. Réville.
(2) Encyclopédie Lichtenberger. Art. *Antitrinitaires*.

nalisme supranaturaliste. Il cherche surtout à ramener les doctrines chrétiennes à des conceptions conformes aux exigences de la raison ; mais en même temps il admet une révélation surnaturelle, contenue dans la Bible, et principalement dans le Nouveau-Testament, établie sur le miracle et l'inspiration divine des livres saints. Les dogmes de la Chute, de la Création, et surtout de la Trinité furent attaqués comme opposés aux données de la raison.

Ces tentatives de réaction devaient nécessairement porter leurs fruits. Sans doute le dogme de la Prédestination, surtout après *Dordrecht*, était inattaquable dans sa rigidité. Mais bon nombre d'esprits éminents et de croyants sincères, protestaient silencieusement contre une notion aussi étroite de la grâce qui établissait un dualisme irréductible entre *sauvés* et *damnés*, et faisait de Dieu l'auteur du salut des uns et de la perdition des autres (car pour Dieu, ne pas permettre que les uns soient sauvés, c'était bien vouloir qu'ils soient perdus).

A ce particularisme étroit, l'Académie de Saumur opposa l'*Universalisme hypothétique*, soutenu et développé par l'un de ses éminents professeurs, *Moïse Amyraut* (1). C'était un essai de conciliation entre l'Arminianisme et la doctrine officielle. Cette tendance était vouée à l'impuissance ; car elle se contredisait elle-même. Dieu veut sauver tous les hommes ; telle est la pensée qui, dès l'abord, rassure la conscience. Mais Amyraut atténue bientôt, et d'une façon singulière, cette belle promesse. Dieu veut le salut de tous les hommes, oui ; mais sont exclus du plan divin, c'est-à-dire du salut, ceux qui sont plongés dans le péché, en vertu de la corruption

(1) Encyclopédie Lichtenberger. Art. *Amyraut*.

persistante de la race, c'est-à-dire tous les hommes. Ce qui revient à dire : le salut est offert à tous, mais, de par leur corruption, tous les hommes seront perdus, excepté ceux que Dieu a choisis pour les sauver. Le dernier mot de ce système est donc le particularisme, tandis que l'universalisme est un beau décor, mais inutile.

Bien qu'assez inoffensives, les idées d'*Amyraut* furent censurées par plusieurs synodes. Mais nous devons dire que ce n'est guère qu'en Suisse qu'elles trouvèrent des adversaires acharnés et violents. C'est à ce sujet que Claude, indigné d'une telle violence, écrivait à un ami : « Je ne vous sçaurais assez dire, monsieur, combien l'on se trouve ici choqué du procédé que l'on tient à Genève sur le sujet de la grâce universelle, et de la chaleur avec laquelle on y veut persécuter le monde et le faire persécuter en Suisse (1) ». En France *Amyraut* eut aussi des adversaires puissants, citons : les *Rivet*, le pasteur *Vincent* de la Rochelle et le vénérable *Du Moulin*. Mais, à la grande édification de l'Eglise, il eut la joie de se réconcilier personnellement avec ceux qui l'avaient combattu. De plus, il eut des admirateurs pas-

(1) *Autographe.* Coll. Claude, p. 129, cité par M. *F. Puaux* : *Les Précurseurs français de la Tolérance au XVIIe siècle.* Parlant de certains pasteurs de Genève, Claude ajoute : « Je sçais qu'il y a toutes sortes de gens dans l'Eglise, et entre autres une espèce d'hommes d'un plaisant caractère. Leur premier principe est qu'ils sont les originaux de l'orthodoxie, et sur cela, sans se mettre en peine ni d'étudier les matières, ni de raisonner sur l'Ecriture, ni d'écouter les autres, ils agissent en maîtres du genre humain, et veulent tout exterminer si on n'adore leurs pensées. On m'a dit qu'ils déclament que nous sommes tous arminiens ; mais je soupçonne avec quelque apparence qu'ils ne sçavent ni ce que nous sommes, ni ce que sont les arminiens, ni peut-être ce qu'ils sont eux-mêmes. »

sionnés comme *Blondel, du Bosc, Claude, Le Faucheux*, etc. Amyraut et son ami *Testard*, disciple de l'écossais *Cameron* (1), comparurent devant le Synode d'Alençon (27 mai-9 juillet 1637). La discussion fut fort animée. Après avoir déclaré que « Jésus-Christ est mort pour tous les hommes, suffisamment, mais efficacement pour les élus seuls », que la volonté de Jésus-Christ était que le sacrifice de sa croix fût d'une valeur infinie et très abondamment suffisante pour expier les péchés de tout le monde, que cependant l'efficace de sa mort appartient seulement aux élus...; après avoir expliqué leur système et fourni toutes les explications demandées, ils furent invités à la modération et à la prudence; on les pria de ne pas faire abus de mots malsonnants, et finalement « le modérateur leur donna la main d'association de la part de l'assemblée, et on les renvoya honorablement ». Le synode national de *Charenton* (décembre 1644, janvier 1645) eut aussi à se prononcer sur cette affaire, mais jugea qu'il valait mieux ensevelir dans l'oubli toutes les plaintes portées contre *Amyraut*.

En somme, nous constatons que la tendance libérale d'Amyraut fut généralement bien accueillie par un grand nombre d'hommes influents, et qu'elle répondait à un besoin des esprits de cette époque, besoin de plus en plus impérieux et dont les manifestations allaient devenir plus fréquentes et plus imposantes. C'est la « *Tolérance ecclé-*

(1) *Caméron* (1580-1626), professeur de philosophie à Sedan, de théologie à Saumur, puis à Montauban, auteur de l'Universalisme hypothétique développé par Amyraut. C'est lui qui a dit le premier que « *la Réforme avait besoin d'une réforme nouvelle* » et encore : « *Il est possible de se sauver dans l'Eglise romaine* ». Encyclopédie Lichtenberger, art. *Cameron*.

siastique » qui allait s'imposer comme une réforme à faire dans la Réforme elle-même.

Notre intention n'est pas d'étudier ce grave problème; nous aurons l'occasion d'y revenir incidemment dans le cours de notre étude. Il suffit au but que nous poursuivons dans ce chapitre d'en donner un rapide aperçu. Tous les Réformés s'étaient élevés avec indignation contre l'intolérance de l'Eglise de Rome. Mais lorsque la question de la tolérance au sein du protestantisme se posa, les esprits furent partagés. Les uns avec *Claude* et *Jurieu*, furent effrayés des conséquences funestes, qu'une telle idée pourrait avoir sur la pureté de la doctrine, et ne pouvaient supporter l'idée d'ouvrir la porte de l'église à toutes les sectes et tous les systèmes qui se réclameraient de la Réforme. Aussi se préparèrent-ils à résister à ce « *malheureux esprit.* » « Il était inconnu avant 1669, dit Jurieu; mais à cette époque un pasteur demeurant à Saumur, homme d'ailleurs grave et sage, se laissa séduire par la lecture d'Episcopius, et s'oublia jusqu'à publier un livre sous le titre : *La réunion du christianisme* (1). L'auteur de ce livre était le pasteur d'*Huisseau*, de Saumur. Il ne voulait rien moins que la réunion des Catholiques et des Protestants. Fatigué des luttes inégales qui soutenaient les Protestants en France, il se demandait si, tout en sauvegardant sa foi, le Protestantisme n'aurait pas tout à gagner à cette réunion. Une telle tentative devait nécessairement échouer, surtout au moment où le Clergé, ne demandait qu'une chose : l'unité de la foi dans le royaume, c'est-à-dire l'anéantissement du Protestantisme.

(1) *La R. du Ch. ou la manière de rejoindre tous les Chrétiens sous une seule confession de foy*, Saumur, René Pean, 1670, in-12.

Néanmoins ce livre fut fort apprécié de l'Académie de Saumur, au sein de laquelle les idées cartésiennes étaient fort goûtées. « On a proposé, dit à ce sujet d'Huisseau, depuis quelque temps dans la philosophie, un moïen de bien raisonner et de faire de sûres démarches vers la vérité. On tient que pour cela il se faut absolument détacher de toutes opinions préconçues. Ne pouvons-nous pas imiter ce procédé dans la Religion? Ne pouvons-nous pas laisser à part pour un temps toutes les opinions que nous défendions auparavant avec tant de chaleur, pour les examiner après avec liberté et sans aucune passion, nous tenant toujours à notre principe commun qui est l'Ecriture Sainte. » (1) Par une étrange contradiction, d'Huisseau publia son livre sans l'autorisation des corps ecclésiastiques, et cependant c'est lui qui, dans la révision de la « *discipline* » dont il avait été chargé, écrivait ces belles paroles adressées à ses collègues : « Il faut qu'en nos personnes tous ces règlements deviennent des exemples, et que cette discipline qui est morte sur le papier paraisse vivante et agissante dans nos mœurs. » Ce livre devait être condamné, et il le fut. Le *Consistoire* et les *Magistrats* de Saumur ordonnèrent la suppression de l'ouvrage, et son auteur fut déposé du ministère par le Synode d'*Anjou* (mai 1665).

C'est à ce même Synode qu'un homme non moins célèbre que d'Huisseau, *Claude Pajon* (2), pasteur d'Orléans, prononça un discours qui effraya plusieurs de ses collègues par l'indépendance de sa pensée. Beaucoup plus

(1) *Réunion du Christianisme*, p. 117.

(2) Voir Chaufepié : art. *Pajon* — et aussi : « *Claude Pajon, sa vie et sa doctrine* », — thèse par S. Lacheret, Genève, 1882.

hardi que l'auteur du livre de la *Réunion du Christianisme*, mais plus prudent, maître de sa langue, doué d'un esprit beau, d'un jugement net et pénétrant, Pajon devait résumer dans son système toutes les tentatives de réformes dont nous venons d'esquisser rapidement le tableau ; il s'affirmait avec un talent et une puissance de conviction dont les défenseurs de l'orthodoxie comprirent dès l'abord toute la portée. Son système s'appelle le « *Pajonisme* » ; c'est une tentative de conciliation entre la toute science de Dieu et la liberté humaine. Nous étudierons en détail cette intéressante manifestation de l'esprit religieux à la fin du XVIIe siècle, lorsque nous aurons à parler des idées dogmatiques d'*Isaac Papin* dont le nom est intimement lié à celui de Pajon.

Nous avons adopté pour notre étude de la vie et de l'œuvre de Papin le plan qui nous a paru le plus simple et le plus logique. Chacun des ouvrages de Papin ayant fait époque dans sa vie, nous n'avons pas cru devoir séparer sa vie de sa pensée. Nous le verrons donc en France se préparant et s'essayant à la lutte ; puis à l'étranger, en Angleterre, en Hollande et en Allemagne aux prises avec son redoutable antagoniste. Enfin, dans un dernier chapitre, nous reviendrons avec lui en France pour assister au triste spectacle d'un homme qui s'inflige cet humiliant châtiment de combattre avec un zèle aveugle ce qu'il avait naguère vaillamment défendu.

CHAPITRE II

Papin en France (1)

Son enfance. — Ses études à Genève, à Orléans, à Saumur. — Le Pajonisme.

Isaac Papin, Receveur général des domaines de Blois, épousa Madelaine Pajon, sœur de Claude Pajon, ministre d'Orléans, célèbre par le système dogmatique auquel il donna son nom. De ce mariage naquirent trois filles et un garçon. L'aînée devint la femme de Scoffier, pasteur à Mer, à quatre lieues de Blois ; les deux autres ne nous sont connues que par les lettres que leur frère leur écrivit à Amsterdam et qui nous montrent qu'elles restèrent protestantes. Le garçon naquit le 27 mars 1657, à Blois : il fut appelé du nom de son père, *Isaac Papin.*

Les cinq premières années de sa vie furent un perpétuel sujet de craintes pour ses parents, qui le crurent plusieurs fois sur le point de mourir, tant il était faible et

(1) Les trois sources que nous avons consultées pour écrire cette notice biographie sont : ° Le dictionnaire de Chaufepié, art. *I. Papin ;* 2° Haag, *La France protestante ;* 3° La vie de Papin, récit incomplet et partial, écrite par Mme Papin, en tête des ouvrages de son mari, publiés sous le titre : *Recueil des ouvrages composés par feu M. Papin en faveur de la Religion, nouvelle édition, donnée par sa Veuve* Paris, 1723, in-12.

maladif. Sa santé débile devait réagir sur son caractère et jeter comme un voile de mélancolie et de tristesse sur sa vie tout entière. Il manifesta de bonne heure un ardent désir de s'instruire. Mais ses parents, craignant pour lui les fatigues des études, reculèrent le plus possible le moment de l'envoyer dans une école. Pajon leur déclara que la violence qu'ils faisaient au tempérament de leur enfant naturellement porté à la méditation et à l'étude, était plus préjudiciable à sa santé que les études elles-mêmes. Ses parents se rendirent à ce conseil.

C'est à l'âge de dix-sept ans qu'il vint à Genève pour commencer ses études de philosophie ; il s'y distingua par la précocité et la sûreté de son jugement, comme par ses progrès rapides. En 1677, il écrivit à Pajon une lettre sur « un argument de Descartes, pour prouver l'existence de Dieu sans faire attention à ses ouvrages. » Dans cette lettre, au dire de Pajon, il fit preuve d'une grande justesse et d'élévation de jugement et de force dans l'exposé de ses idées. A la même époque, il adressait à l'une de ses parentes, une lettre sur l'essence de la matière, l'infini, le monde, l'étendue..... Il avait alors vingt ans. Son esprit s'ouvre à toutes les questions de philosophie et surtout de religion.

Déjà il entrevoit que l'esprit du Protestantisme ne doit pas être sectaire ni exclusif, mais tolérant. La querelle des *Universalistes* et des *Particularistes* attire plus spécialement son attention sur les questions théologiques. Il étudie la matière et ne peut approuver le procédé violent de Desmarets, professeur de Groningue, qui voulait qu'on n'eût aucun support ni pitié pour les Universalistes. La Tolérance s'imposait déjà à son esprit actif comme une nécessité.

De Genève, Papin revint à Blois chez ses parents en 1679, d'où il repart bientôt pour Orléans. Son désir est de se perfectionner dans la connaissance des langues grecque et hébraïque, et d'étudier la théologie sous la direction éclairée de son parent. L'oncle et le neveu se lient bientôt d'étroite amitié. C'est un père qui enseigne et dirige son fils. Déjà le Pajonisme faisait grand bruit par les adversaires et les défenseurs qu'il avait rencontrés. Papin suit avec intérêt les débats. Est-ce par pure déférence pour son maître ou « parce qu'il vit qu'il raisonnait plus juste » ? Le fait est qu'il se rallie aux idées de son oncle, mais non pas ouvertement.

En 1683, il quitte Orléans et s'en vient à l'école de théologie de Saumur pour prendre ses grades. Cette académie avait eu le privilège de posséder toute une pléïade d'esprits éminents et de penseurs indépendants. Nous avons déjà nommé *Moïse Amyraut*, l'adversaire inoffensif de la Prédestination ; citons encore : *Josué de Laplace* (mort en 1665) qui modifia la doctrine du péché originel en combattant l'idée de l'imputation du péché d'Adam à tous les hommes ; *Louis Capel*, (professeur de 1614 à 1658), qui, par ses savantes études des textes originaux de l'Ancien Testament, démontra que l'alphabet carré avait été substitué aux anciens caractères hébreux, que les points voyelles étaient une addition des Massorètes et que les variantes étaient nombreuses, et ruinait ainsi la théorie de la théopneustie, ou inspiration littérale (1). Un fort courant de libéralisme traversait l'enseignement de ces hommes éminents. (2) Tandis que la Faculté de

(1) Voir les articles consacrés aux noms que nous venons de citer dans l'*Encyclop. des sciences religieuses* de M. Lichtenberger.

(2) Encyclop. Licht., art. *Saumur*.

Sédan représentait le dogme calviniste dans toute sa rigueur, celle de Saumur, sans rompre ouvertement en visière à l'orthodoxie officielle, travaillait à la modifier lentement. « L'esprit révolutionnaire domina à Saumur et l'esprit réactionnaire à Sédan; (1) tandis qu'à Montauban, surtout de 1630 à 1665, on se tint dans un juste milieu. »

L'éclat que ces hommes célèbres jetèrent sur l'Académie de Saumur s'affaiblit après eux ; mais l'influence qu'ils avaient exercée n'était pas complètement éteinte quand Papin y vint terminer ses études théologiques. La tendance de son esprit à tout examiner, à tout scruter, à tout critiquer ne put que s'accentuer sous l'influence de l'esprit rénovateur de cette Académie. Il se distingua bientôt parmi tous les élèves, par ses conceptions hardies. Plusieurs lettres qu'il reçut de ses collègues et même de ses professeurs, témoignent de l'estime qu'il inspirait à tous. Témoin, ce fragment de la lettre que le professeur *Jacques-Louis Cappel* (fils de l'illustre Cappel), lui écrivit au sujet d'un traité que Papin avait composé sur la *Liberté chrétienne* : « Mais que dirai-je de votre traité sur la *Liberté chrétienne* que j'ai relu hier pour la deuxième fois. A mes amis j'en dis plus long que je ne ferai ici ; car c'est assez que je vous assure que cette lecture m'a charmé et m'a touché dans tous les endroits où je suis le plus sensible..... Dieu veuille que votre principale occupation soit de méditer, d'écrire et d'enseigner sur les choses qui regardent la religion ; car vous excellez pour cela par une clarté, exactitude et solidité que l'on trouve en tous vos raisonnements et en tout votre air. Si j'étais

(1) M. Nicolas, l'*Académie de Montauban*, discours de 1871, p. 22.

assez heureux pour vous pouvoir être utile en quelque chose, j'en aurais une extrême joie. La disposition de votre esprit humble, soumis à la Providence, doux et charitable, me plait infiniment. » (1) Et c'est un maître qui écrit à son élève, sans intention, croyons-nous, de lui faire des éloges immérités. Nous verrons plus tard un autre jugement, celui de Jurieu, porté dans une autre circonstance et dans un esprit tout différent.

La doctrine de Pajon venait d'être dénoncée au Consistoire de Saumur. Elle avait été plus ou moins catégoriquement censurée et condamnée aux synodes de Pruilly, de Clermont (16 août 1677) aux synodes de Bretagne, de Picardie, de Champagne, de Rouen (septembre 1677); mais la personne de Pajon avait toujours été respectée; grâce à son caractère noble et sympathique, il avait de nombreux amis et de chauds partisans. Le synode de Touraine et d'Anjou, réuni à Saumur (octobre 1677) fut plus intransigeant que les précédents. Sous la haute influence de Jurieu, le Pajonisme fut définitivement condamné comme suspect d'arminianisme et de socianisme; de plus, « il fut décidé qu'à l'avenir il ne serait reçu aucun proposant dans la province qui ne se fût engagé à enseigner la doctrine de la grâce intérieure et immédiate du Saint-Esprit en la conversion de l'homme (2) ». Mais ce n'était pas encore assez, et la *Compagnie des Modérateurs* de l'Académie de Sedan arrêta « qu'à l'avenir les étudiants en théologie qui auront commencé leurs estudes en d'autres escoles ou académies, ne seront admis à la

(1) Lettre de Cappel à Papin, datée de Saumur, le 12 mai 1685. Œuvres de Papin, T. II, p. 356.

(2) Synode de Saumur. *Ap.* Chaufepié.

proposition ou insérés dans la matricule sans avoir auparavant donné tesmoignage de leur orthodoxie (1) ». Papin avait assisté à toutes ces luttes et discussions sans s'y mêler ouvertement. Mais le moment vint où il dut demander à l'Académie son « témoignage ». Alors on lui présenta à signer l'acte des Modérateurs de Sedan, qui n'était autre que la condamnation du Pajonisme. Il s'y refusa catégoriquement. De son côté, la Faculté ne lui accorda pas le « témoignage dans les formes ordinaires ». Cependant, sur la demande de Papin, l'Académie lui donna copie de l'acte dont voici la teneur : « Le sieur Papin, étudiant en théologie, s'étant présenté devant la compagnie pour avoir ses témoignages, il a été arrêté que, suivant l'acte du synode de notre province, de 1677 et la conduite constante du Conseil académique, depuis le règlement dudit synode, on s'informerait de lui s'il voulait souscrire purement et simplement au dit acte, ce que le dit Papin, ayant refusé de faire et de s'assujettir à cet ordre, introduit pour de bonnes et sages raisons..., il a été résolu de ne point lui donner de témoignage, et cette déclaration ayant été faite au dit sieur Papin, il a demandé que l'acte de la présente décision fut inscrit sur le livre de l'Académie, et qu'on lui en donnât copie (Signé : De Hautecourt, recteur) (2) ».

Plusieurs étudiants imitèrent Papin ; c'était la première fois qu'il témoignait publiquement de ses sympathies pour la doctrine de son oncle, et faisait de l'opposition ouverte aux représentants de l'orthodoxie. Ce fait, assez insignifiant en lui-même, devait cependant avoir les consé-

(1) Extrait du registre de l'Académie de Sedan. *Ap.* Chaufepié.

(2) Recueil des ouvrages de Papin, préface LXXIII.

quences les plus considérables sur l'avenir du jeune proposant.

Il quitta Saumur et se rendit à Bordeaux, où il fut reçu par un gentilhomme anglais, le sieur Pople, riche négociant de cette ville qui eut un grand attachement pour lui et voulut le lui prouver en lui conseillant fortement de renoncer à la carrière ecclésiastique. Il lui représenta tous les déboires, tous les mécomptes, les tracasseries de toutes sortes qui l'attendaient, et voulut l'attacher au négoce, lui promettant, s'il acceptait ses offres, une de ses filles en mariage. Papin refusa, puissamment attiré qu'il était vers l'enseignement. Ses sentiments à l'égard de la famille qui l'avait reçu, ne dépassèrent pas une estime solide pour le père et les filles. Pendant un de ses voyages en Angleterre, il adressa à celles-ci un traité qu'il composa sur la *Vanité des Sciences*, ou « *Réflexions d'un vrai chrétien sur le véritable bonheur* (1) ». Plusieurs membres de l'Eglise réformée de Bordeaux, par crainte des persécutions, qui allaient s'aggravant toujours plus, s'étaient rattachés à l'Eglise catholique, en apparence du moins sinon de fait ; mais il paraîtrait que leurs consciences ne s'accommodaient guère de ce compromis, car nous voyons Papin s'occuper activement de les consoler et dissiper les appréhensions de ceux qui craignaient d'être entrés dans une religion où ils ne pouvaient faire leur salut. Son idée sur la tolérance s'était déjà singulièrement élargie. D'après un fragment de lettre publié par Chaufepié et daté de 1690, c'est-à-dire cinq ans au moins après le fait que nous rapportons, il paraîtrait que c'est à cette époque (1685),

(1) Ce traité n'existe pas imprimé. Il en est fait mention dans les *Œuvres de Papin*, préface, page LXXV.

que Papin publia un traité contre la *personnalité du Saint-Esprit.* «... Un homme d'esprit et de mérite m'a dit hier que Mlle de Coudray lui avait donné un traité que Papin prétend avoir fait sur la personnalité du Saint-Esprit. Il me dit encore que Papin étant à Bordeaux, chez M. Pople, avait minuté un acte équivoque d'abjuration, que ses amis de Paris ne goutèrent pas. Tout cela avant la révocation de l'édit de Nantes (1) ». Rien ne prouve l'exactitude de ces renseignements ; nous ne les trouvons mentionnés nulle part ailleurs, et il faut nous souvenir qu'en ces temps de fermentation des esprits, où les idées nouvelles étaient facilement taxées d'hérésie, tous les écrivains n'avaient pas le courage de signer leurs œuvres ; aussi un grand nombre de traités et de pamphlets firent leur apparition sous le voile de l'anonyme (2). Chaufepié, l'éminent chroniqueur de cette époque, prenant sans doute occasion de cette lettre que nous venons de citer, porte sur Papin un jugement peut-être un peu prématuré : « Dès ce temps-là, dit-il, c'est-à-dire en 1685, il avait déjà des principes fort relâchés sur la Religion (3) ». Ces paroles, qui seront plus tard justifiées, ont été écrites après coup. D'ailleurs sur toute la fin du XVIIe siècle, il règne une grande confusion dans les idées, les appréciations et les jugements des contemporains. La passion des uns, le parti pris des autres, la prétention au monopole exclusif de la vérité commune aux uns et aux autres, rendent bien difficile de démêler le vrai du faux. Historiquement, tout ce que nous pouvons dire du Papin de

(1) Chaufepié. Art. *Jurieu*, Rem. Z.

(2) Le synode d'Utrecht (avril 1689) défendit de la manière la plus expresse la publication de livres anonymes sur les matières de théologie.

(3) Chaufepié. Art. *Papin*.

1685, c'est qu'il n'était pas un « rigide », mais un partisan de la tolérance et un disciple de Pajon quant à la doctrine.

Le moment est venu de donner un aperçu aussi succinct que possible du Pajonisme. Claude Pajon n'a pas écrit de traité dogmatique. Son système, en tant qu'il se sépare de l'orthodoxie, c'est-à-dire dans son originalité, ne nous est connu que par sa correspondance, et surtout, quoique d'une façon fragmentaire, par le célèbre discours qu'il prononça au synode de *l'église d'Anjou* (18 mai 1665) à Saumur, sur la « Liberté » (1). Il avait pris pour texte : II Cor., III, v. 17 : « Le Seigneur est cet esprit là, et là où est l'esprit du Seigneur, là est la Liberté ». Ce sermon est divisé en deux parties : La première partie est consacrée à exalter la puissance de la prédication de l'Evangile ; il définit les mots *Esprit* et *Seigneur* du texte. L'*Esprit* dont parle Paul n'est autre que les dons et les grâces du Saint-Esprit, et ne doit pas être identifié avec la *personne même du Saint-Esprit*. Le mot *Seigneur* également ne doit pas être confondu avec la *personne du Seigneur*, mais désigne l'image de Jésus-Christ empreinte dans nos âmes par la prédication de l'Evangile. La foi, c'est la connaissance de Jésus-Christ, c'est-à-dire de l'image et de l'idée que nous en avons reçues. Ainsi, par la foi, nous possédons Jésus-Christ, c'est-à-dire l'esprit, le nouvel homme, dont nous devons nous revêtir. Les mots : *Esprit* et *Seigneur* n'indiquent donc qu'une seule et même chose. « Ainsi, tout notre ministère ne tend qu'à

(1) *Sermon sur ces mots de la IIe aux Cor. III, 17: Le Seigneur est cet esprit là... Prononcé à Saumur, le synode y tenant le 3 du mois de mai 1665, par Claude Pajon. A Saumur, chez L. Desbordes*, 1666, 48 pages in-12.

vous communiquer l'esprit ; et comment? En peignant dans vos âmes la croix de Christ et les vertus du Seigneur... Il me semblait, à mesure que je vous parlais du Seigneur, que je voyais son image qui se formait dans vos âmes ; il me semblait, en vous parlant de son esprit, que j'en voyais naître les mouvements en vos cœurs... O merveille de la puissance de la prédication ! O efficace incompréhensible de l'Evangile de Christ, qui forme Christ en nos cœurs et l'y fait habiter par la foi, qui nous change en des temples de l'Esprit, et qui accomplit tout d'un coup en nous ces grandes promesses que nous fait l'apôtre Pierre, que nous serons rendus participants de la nature divine ».

Dans la deuxième partie, comme conséquence de la première, Pajon démontre que l'esclavage du péché a pour cause première l'ignorance de l'Evangile, et que la connaissance de cet Evangile nous rend véritablement libres.

Mais essayons de pénétrer plus intimement dans la pensée de Pajon. — La conscience chrétienne manque d'air dans les limites étroites que le Synode de Dordrecht a données au dogme de la prédestination, rendu officiel et obligatoire en France par le Synode national de Charenton. Il ne peut admettre que dans l'œuvre de la conversion, l'action de la grâce de Dieu soit tout, et l'homme rien, sinon un « *tronc d'arbre*, » ou tout au plus « une cire molle qui subit et conserve l'empreinte qu'on y applique. » — Il ne peut se résoudre à voir Dieu accusé d'injustice ou de partialité, conséquence inévitable de l'action unique de la grâce exclusive de toute détermination de l'homme ; car pourquoi le plus petit nombre est-il appelé au salut, tandis que le plus grand nombre est voué à la perdition? « Dieu le veut ainsi, » répond Calvin; d'ailleurs cette question est irrévérencieuse, et l'homme n'a pas plus le droit de demander à Dieu compte de sa damnation, que le bœuf de dire : pourquoi ne suis-je pas un homme? Pajon n'est pas satisfait d'une telle réponse, qui a pour conséquence finale de faire de Dieu l'auteur du mal; conclusion impie et inadmissible. Si la grâce agit d'une façon extérieure sur l'homme, les Jansénistes ont raison de reprocher aux Protestants d'enseigner une action physique et mécanique de la grâce dans l'œuvre intérieure de la conversion. Que leur répondre? Est-il donc impossible de rechercher non pas en Dieu, mais dans le monde lui-même, la raison de cette inégalité dans l'efficacité de la grâce sur les hommes; car enfin l'expérience montre clairement que tous ne sont pas convertis. En d'autres termes, Pajon, sans nier l'efficace de la toute-puissance de la grâce, veut sauvegarder l'activité et par suite la responsabilité humaine. C'est un essai de conciliation de la toute science et la puissance de Dieu, avec la liberté de l'homme. L'essence du pajonisme se trouve dans sa conception originale du mode d'action du St-Esprit.

I. Le péché. — Le péché originel est le fait de tous les hommes, car tous sont pécheurs et corrompus dès le sein de leur mère. En quoi consiste ce péché originel? Ce n'est pas une substance ou un produit de la nature; c'est une influence maligne très puissante, qui s'est infiltrée intérieurement en l'homme, et non pas une influence physique et corporelle. Cette corruption n'est pas aussi profonde chez l'enfant que chez l'homme d'âge mûr, car elle augmente de plus en plus à mesure que les péchés commis deviennent plus nombreux, à moins que

Dieu n'en arrête le progrès par la puissance de son Esprit. (1)

II. La grace. — Sans la grâce il serait impossible à l'homme de se convertir : c'est elle qui produit en lui le vouloir et le faire ; elle est efficace par elle-même et ne dépend pas de la bonne volonté de l'homme; c'est au contraire la volonté de l'homme, en tant qu'il se détermine au bien, qui est dépendante de la grâce. De sorte que la grâce devient irrésistible pour ceux qui se convertissent; ceux-ci ne peuvent pas ne pas être convertis. C'est en illuminant l'entendement que la grâce produit en l'homme la détermination de se donner à Dieu ; ce qui est son souverain bien. Mais ce n'est qu'en tant que l'homme comprend son souverain bien, que la grâce est irrésistible. Tant qu'il reste à ce sujet quelque doute dans l'entendement, tant que celui-ci n'est pas complètement gagné, la volonté peut s'opposer à l'action de la grâce. Ainsi l'homme peut résister. — Est-ce à dire qu'il use da cette liberté? Non ; car la grâce, une fois posée, il est impossible qu'il ait la volonté de s'y opposer. Connaître le vrai bien est donc la condition indispensable de la conversion.

III. Le Saint-Esprit. — Cette connaissance est donnée par le Saint-Esprit, qui se sert pour cela des circonstances diverses par lesquelles Dieu fait passer l'homme : Autrefois Dieu employait les prodiges et les miracles ; aujourd'hui ce sont les châtiments, les exemples, l'éloignement des tentations, la bonne vie des pasteurs, les jugements de Dieu sur les hommes qui précèdent et préparent l'action de la grâce. Mais le moyen le plus efficace,

(1) Chaufepié, *Pajon*, lettre à Claude.

l'instrument par excellence dont se sert le Saint-Esprit, c'est la Parole ou la prédication de l'Evangile. Elle vient parachever ce que les circonstances extérieures avaient commencé. Tous ces moyens réunis sont comme un foyer lumineux dont tous les rayons convergent sur le pécheur pour l'illuminer et le convertir. Le Synode de Saumur avait arrêté que : « conformément à la parole de Dieu et à la confession de foi de nos Eglises réformées, Dieu n'agit pas seulement par la prédication extérieure de l'Evangile et les autres circonstances qui l'accompagnent, mais déploie encore au-dedans une action particulière et immédiate de son Esprit, distincte de la parole et des circonstances extérieures qui l'accompagnent pour illuminer l'entendement » (1) Pajon déclare le contraire. — Le Saint-Esprit et la parole ne sont qu'un, ainsi que l'enseignement et la personne de Jésus-Christ. Le pêcheur ne peut prendre de poissons sans son filet, de sorte qu'on peut dire que homme et filet ne sont qu'un dans l'action de pêcher. L'action du Saint-Esprit et la Parole ainsi identifiées, il ne reste plus guère de place dans l'œuvre de la conversion, pour une action immédiate, extérieure de la grâce. Pajon s'explique sur ce point délicat : « La question n'est pas de savoir si le Saint-Esprit est l'auteur de notre conversion, si c'est de lui qu'elle dépend uniquement et immédiatement; » si c'est lui qui donne aux moyens dont il se sert, tout ce qu'ils ont d'efficace sur les âmes, ou s'il opère antérieurement et secrètement dans une âme pour nous convertir. « Qui est-ce qui en a douté depuis Pélage ? On est d'accord de tout cela. Mais la question est de savoir si cette opération intérieure et

(1) Chaufepié, Art. *Pajon*, Rem. F.

secrète de l'Esprit est distincte de celle qu'il déploie en nous par le ministère de la parole, qui est aussi secrète et intérieure puisque la parole est plus puissante qu'une épée à deux tranchants, qu'elle atteint jusqu'à la division de l'âme et de l'esprit, des jointures et des moelles, et qu'elle juge des pensées et des intentions du cœur. » Les Synodes ont décidé que ces deux actions intérieures et secrètes du Saint-Esprit et de la Parole sont distinctes l'une de l'autre, et les autres théologiens croient que c'est la même action qui vient du Saint-Esprit, comme la cause principale, et de la Parole, comme de l'organe et de l'instrument du Saint-Esprit, parce qu'elle est toujours, qui que ce soit qui la propose, la Parole du Saint-Esprit. Il est certain que Caïn tua lui-même immédiatement son frère Abel, quoiqu'il ne soit pas certain qu'il l'ait tué sans instrument et sans moyen. Ainsi le Saint-Esprit ne fait rien en nous pour notre régénération sans y employer la parole (1)

Il nous reste à expliquer en deux mots la conséquence, ou, pour mieux dire, l'inconséquence finale de ce système, qui aboutit en somme à ce qu'il veut combattre : la Prédestination. Si la conversion, c'est-à-dire le salut, dépend de la parole ou de la prédication de l'Evangile, il s'en suit que tous les hommes peuvent entendre cette parole, et par conséquent être sauvés.

Mais l'expérience démontre avec la dernière évidence qu'il y a beaucoup d'appelés, mais peu d'élus. C'est en répondant à cette objection que Pajon laisse voir le vice de son système. Dieu, dit-il, a donné une première impulsion à toutes les parties de la nature, de telle sorte que

(1) Chaufepié, art. *Pajon*. Lettre au Consistoire.

tels et tels effets doivent nécessairement s'en suivre. Il fallait que les choses arrivassent comme elles arrivent par une « *enchaînure nécessaire* » et indissoluble, jusqu'à ce qu'il plût à Dieu, qui en est toujours le maître, d'en changer l'ordre par des raisons extraordinaires. En remontant vers l'origine des choses, il se trouvera qu'il faut nécessairement que les choses arrivent, dans la nature, de la manière qu'elles arrivent, par la force de la première impression que Dieu a donnée immédiatement à toutes les parties qui composaient l'univers quand il fut créé, impression que Dieu a donnée à la nature pour produire tels et tels effets, et qu'il eût donnée d'une autre manière s'il avait eu dessein de produire d'autres effets (1). Ainsi le petit nombre des élus est déterminé par l'impression primordiale donnée par Dieu à toutes les parties de l'univers. « L'enchaînure nécessaire » et indissoluble remplace le décret éternel de Dieu. Les prémisses sont différentes, la conclusion est sensiblement la même.

Le célèbre pasteur et théologien des églises wallonnes, *Jurieu*, l'ami personnel de Pajon, effrayé de voir avec quelle rapidité ces idées se répandaient dans l'Eglise réformée, et le nombre toujours croissant des pasteurs qui s'y rattachaient, soit secrètement, soit publiquement, combattit de toute son énergie, et par tous les moyens, ce nouveau système. L'ouvrage le plus important qu'il écrivit à ce sujet, a pour titre : « *Traité de la nature et de la grâce* ». Nous n'entrerons pas dans l'analyse de cet écrit, où l'auteur fait preuve d'un caractère énergique et d'un immense savoir. Indiquons-en seulement la substance :

(1) *Traité de la Nature et de la Grâce*, de Jurieu, contre le Pajonisme, p. 31-33, et Chaufepié, art. *Pajon*, Rem. B.

Il établit deux faits niés par les novateurs : 1° La nécessité absolue du concours de Dieu et de la Providence (1) ; 2° L'existence du concours particulier de la grâce interne, immédiate, distincte de la parole, et efficace par elle-même (2).

La révocation de l'édit de Nantes (19 octobre 1685) vint momentanément suspendre ces discussions théologiques, et disciples et adversaires du Pajonisme, durent chercher à l'étranger un refuge où ils pussent adorer Dieu selon leur conscience.

(1) *De la Nature de la Grâce,* Rotterdam, 1688, p. 46.
(2) *Ib.*, p. 238-243.

CHAPITRE III

Papin à l'Étranger

Séjour en Angleterre. — « Essais de théologie ». — « La Foy réduite à ses justes bornes ». — Séjour à Hambourg et à Dantzig.

Au moment de la révocation, Papin était déjà plus qu'un élève de Pajon ; c'était un fervent disciple épris des idées de son maître, plein de zèle pour les propager et d'ardeur pour les défendre. Le procès intenté au Pajonisme devant les synodes, les procédés souvent peu courtois des adversaires de ce système, enfin sa condamnation, ne firent qu'accentuer la tendance de Papin à la tolérance, qu'il considérait dès lors comme l'âme de la Réforme. Malgré son libéralisme, même à l'égard des catholiques, il dut quitter la France et passa en Angleterre au commencement de 1686.

Il fut reçu par l'évêque d'Ely ; il ne lui cacha pas qui il était, et lui fit prendre connaissance de l'acte d'interdiction dont l'avait frappé le synode de Saumur. Ce fut donc en connaissance de cause, tout le fait supposer du moins, que l'évêque d'Ely consacra Papin au saint ministère, et lui donna les ordres de *Diaconat* et de *Prêtrise*. Le jeune pasteur étudia avec intérêt les livres de théologie et de piété des églises anglaises, leurs confessions de foi, leur organisation ; il fut frappé de leur grande diversité. Tout ce qu'il vit et entendit fut pour lui un encouragement à persévérer dans la défense de la tolérance. Il eut aussi des rapports assez intimes avec M. *Burnet*, évêque de Salisbury, qui partageait ses idées d'indépendance. Il reçut de lui, à plusieurs reprises, des marqnes d'estime et d'approbation. Au sujet du traité que Papin venait de terminer sur *les habitudes infuses*, M. *Burnet* lui écrivit : « Dieu veuille vous conserver longtemps à son église ; elle peut recevoir de vos lumières, si nettes et si débarrassées de tous préjugés un esprit que, par malheur, on ne voit guère régner, c'est de raisonner fort juste et sur les choses principales sans se tourmenter des autres (1) ».

Après avoir reçu les ordres, Papin s'occupa de chercher une église où il put exercer le saint ministère. *M. Burnet* lui remit plusieurs lettres de recommandation pour des églises d'Allemagne ; mais il ne lui cacha pas que plusieurs hommes influents étaient déjà prévenus contre lui. Ceux qui avaient condamné le Pajonisme en France ne laisseraient certainement pas un jeune homme, affichant la doctrine suspecte, jeter le trouble et la division au sein des Eglises wallonnes. Papin pressentait toute l'opposition qu'il rencontrerait sans se douter cependant du degré d'intensité où elle serait poussée. En quittant l'Angleterre il se rendit à Leuwarden pour remplacer le pasteur de l'église française qui devait se rendre au Synode de Bois-le-duc (septembre 1687). Au retour de ce ministre, Papin reçut du Consistoire de cette église un certificat assez élogieux dont il se servit plus tard.

D'Angleterre, Papin vint en Hollande, où il rencontra

(1) Lettre de Papin à Jurieu, sur ce qu'il y a de personnel dans la lettre pastorale de Jurieu aux fidèles d'Orléans, de Blois et de Paris.

dès son arrivée l'opposition la plus vive à son installation. L'âme de cette opposition n'était autre que Jurieu qui avait connaissance de deux manuscrits écrits par Papin et « qu'il avait fait marcher devant lui. » Les circonstances assez singulières dans lesquelles ces écrits firent leur apparition, nous expliquent en partie l'hostilité persistante qui poursuivit leur auteur partout où il voulut s'établir. Ces deux manuscrits, imprimés plus tard à Rotterdam avaient pour titres : « Essais de théologie » et « la Foy réduite à ses justes bornes. » (1)

Le premier était une réfutation acerbe et hautaine de deux ouvrages de Jurieu contre le Pajonisme ayant pour titre : *De la nature et de la grâce* — et : *Jugement sur les méthodes rigides et relachées d'expliquer la Providence et la Grâce.* Chose singulière et qui contribua pour beaucoup à envenimer la querelle, « la réfutation du livre de Jurieu parut avant le livre lui-même. » Il est vrai que Jurieu, alors qu'il était professeur à l'Académie de Sédan, avait dicté ce livre, en cours, à ses élèves ; de sorte qu'il en existait déjà quelques manuscrits quand parut le livre de Papin. Jurieu fut piqué au vif et sa réponse violente, pleine de mépris pour une œuvre de proposant où « au milieu d'une parfaite ignorance on voyait régner un parfait orgueil », ne se fit pas attendre. Dans une nouvelle édition de son livre « *Jugement sur les Méthodes* » il joignit un avertissement dans lequel il s'expliquait au sujet de Papin « d'une manière fort vive à laquelle celui-ci avait

(1) Voici le titre des deux livres : *Essais de théologie sur la Providence et sur la grâce, où l'on tâche de délivrer M. Jurieu de toutes les difficultés accablantes qu'il rencontre dans son système* — Et : *La Foy réduite à son véritable principe, et renfermée dans ses justes limites, par P. P. D. L. A Rotterdam, chez Reinier Leers, 1687.*

donné lieu par son ouvrage où il traitait M. Jurieu fort cavalièrement et d'une façon peu convenable à un jeune homme » — Le ton de cette lettre est celui d'un profond dédain pour le jeune étudiant « qui ne fait que réciter ce qu'il a appris à l'école. » « C'est assurément une singularité qu'un étudiant se trouve et se croie en état de réfuter un homme à qui on a bien voulu donner le titre de « Maistre » depuis tant d'années ; mais comme on voit, il ne faut ni âge, ni étude, ni science pour faire un autheur aujourd'hui. Cependant M. Papin trouvera bon, s'il luy plaist, que je lui parle icy en maistre et que je le laisse dans son caractère d'escolier... Je ne sais s'il a cru s'attirer une réponse ; si cela est, il s'est fort trompé ; le public ne me le pardonnerait pas et il a besoin de mon temps pour autre chose. Son ouvrage est tout plein de pourquoi, de comment, et de questions. S'il les avait faits avec un esprit de docilité on aurait pu y répondre et lui donner des leçons ; on en a donné à de plus avancez que lui. Mais comme il interroge en maistre, en victorieux et en insultant, on l'abandonne à ses ténèbres et à son ignorance. » Papin voulut se justifier et répondit que le livre avait paru sans nom d'auteur ; s'il avait pu prévoir que son nom serait connu il aurait parlé « comme il convient à un disciple qui s'adresse à un maistre. » Cette soumission n'était qu'apparente et Papin avait été profondément blessé par le ton dédaigneux de Jurieu.

Quant au fond de l'ouvrage si vertement critiqué, ce n'est guère qu'une amplification métaphysique du système de Pajon que nous avons analysé au chapitre précédent. Nous ne nous y arrêterons pas. Citons cependant quelques idées qui nous paraissent dignes de remarque. Comme moyen de résoudre les difficultés qui naissent de la diversité des opinions sur *la Grâce* et le *St-Esprit*, Papin propose la théorie de l'*opportunisme doctrinal*. Quand les orthodoxes parlent entre eux, ils n'ont que faire de discuter sur l'origine de leur persuasion d'une grâce immédiate ; mais ils devront « accommoder leur style aux personnes auxquelles ils ont affaire. » En disputant contre les *Trembleurs* ou les *Enthousiastes*, il faudra parler *à la pajoniste* et soutenir fortement que le St-Esprit ne nous enseigne que par des moyens et ne nous illumine que par la Révélation écrite. Au contraire quand on aura affaire à des *Pajonistes* ou à des *Pélagiens*, il faudra parler *à l'enthousiaste* et leur dire nettement : « Si vous ne sentez pas la grâce immédiate, tant pis pour vous. Quant à nous nous la sentons... Quelquefois le St-Esprit nous dit mot pour mot que nous sommes enfants de Dieu, d'autres fois en lisant l'Ecriture il nous dit que ce livre - là est divin. » (1)

Sur le péché. — D'après Jurieu, Dieu est l'auteur de toutes nos actions en tant qu'actions, mais non en tant que mauvaises. D'où il suit que Dieu n'est pas l'auteur du mal ; car nos actions ne sont mauvaises que par la détermination que nous donnons au mouvement que nous recevons. Dieu imprime à l'âme un mouvement vers le bien ; le péché sera donc non une nouvelle détermination de mouvement vers le mal, mais un « retardement » ou une « cessation » du mouvement vers le bien. (2) A cela Papin répond que quand Dieu fait mouvoir l'âme vers l'Orient, comment a-t-elle la force de reculer vers l'Occident ? Quand Dieu la tourne vers le Créateur, par quel

(1) *Essais de Théologie*, p. 30-37.
(2) *De la nature et de la grâce.*

moyen se retourne-t-elle vers la Création ? Quand Dieu tourne son amour vers lui-même et sa haine vers le monde, par quelle vertu ou puissance tourne-t-elle, au contraire, son amour vers le monde et sa haine vers Dieu ? Cette résistance suppose de la force ; ce changement est une action réelle et positive. C'est l'amour et la haine qui viennent pour ainsi dire « à troquer d'objet, » à changer de pôles ; l'amour se tourne vers ce qui doit être naturellement l'objet de la haine, vers le monde et le péché, et la haine vers Dieu et vers la vertu. Aussi soutient-il avec l'Ecriture que le péché est un véritable égarement. (1)

Mais cet égarement est plutôt le produit du tempérament et du désordre dans lequel le corps est formé, qu'une révolte du cœur. Prenez un pécheur dans l'accès le plus violent de sa passion, et déterminé à la satisfaire ; calmez ses esprits, faites-en sorte qu'il regarde comme une peine, ce dont il se faisait un plaisir ; de bilieux par exemple, faites-le devenir flegmatique ; après cela faites-lui le portrait du vice et de la vertu, de la vengeance et du pardon, et « je m'asseure que vous vous représentez vous-mêmes qu'il ne continuera plus à se déterminer en faveur du vice. » Donc, pour produire la régénération de l'âme et la conversion du cœur il n'y a : premièrement, qu'à remédier au désordre du corps de quelque manière que ce soit ; et ensuite, à représenter au naturel les objets de l'entendement et ceux de la volonté, le mensonge et la vérité, le vice et la vertu. « La vertu recouvre de son empire à proportion de ce que le péché perd de sa force et de ses charmes. » (2)

(1) *Essais de théol.*, p. 72-74.
(2) *Essais de théol.*, pr 240-242.

En somme, les *Essais de Théologie* sont une critique des idées de Jurieu sur deux points : 1° sur l'*Etre infiniment parfait;* 2° sur la *grâce immédiate.* Sur le second de ces points Papin est pajoniste. Sur le premier il conclut que la lumière de la raison ne nous enseigne pas l'unité d'un Dieu ; elle ne prouve pas que l'existence nécessaire et éternelle convienne à Dieu seul ; enfin elle ne saurait nous enseigner que le monde a été fait de rien. « C'est de la théologie socicienne toute pure, s'écrie Jurieu ; et comment voudriez-vous que nous regardions ceux qui regardent comme des erreurs fort tolérables des impiétés folles ! La religion a ses premières vérités qui n'ont nullement besoin de révélation. » (1)

A la même époque parut un autre ouvrage : *La Foy réduite à ses justes bornes,* publié sous le voile de l'anonyme. L'auteur ne pût rester longtemps ignoré et tout le monde reconnût bientôt le style et le « venin » de Papin. Ce petit livret de 116 pages, où se trouvait renfermé « le plus fin poison que l'auteur avait pu trouver pour corrompre les âmes, » (2) fit sensation à son apparition dans le public protestant. Il se présentait en effet sous le patronage d'un homme éminent, de Bayle, que Voltaire appela plus tard « le premier dialecticien du monde. » (3) C'est lui qui en avait écrit la préface. Papin l'avait composé en 1686, étant à Bordeaux ; il se défendit longtemps d'en être l'auteur ; car cet ouvrage, paraît-il, fut imprimé et livré au public sans qu'il en fût averti. Le manuscrit était une lettre sur la tolérance, écrite à un ami avec prière de ne pas la communiquer;

(1) Chaufepié, art. *Papin*, Rem. D.

(2) Lettre pastorale aux fidèles d'Orléans... de Jurieu.

(3) Encyclopédie Lichtenberger, art. *Bayle.*

car ce n'était qu'un fragment « sans commencement et sans fin, bien loin que d'être muni d'une préface. » L'ami trahit le secret ; plusieurs personnes en prirent copie, et l'une de ces copies fut présentée à Bayle, qui y mit une préface, lui donna le titre que l'ouvrage porte aujourd'hui et la livra à l'imprimeur. « Celui-ci eut la hardiesse de l'imprimer, dit Papin, sans me demander si je le croyais en état de voir le jour. Dieu m'est témoin que je n'en ai appris quoi que ce soit que lorsque l'impression était déjà presque toute débitée, et que l'on pensait à une seconde édition que j'ai empêchée jusqu'ici. » (1)

Quoi qu'il en soit, ce livret eut un grand retentissement, car il exposait des idées partagées par un très grand nombre de Réformés, et cela sous un style clair, simple, point métaphysique, compréhensible à tous ; tellement que Jurieu, malgré son indignation et sa colère, ne put s'empêcher de reconnaître « que ce jeune homme avait le style le plus net et le plus précis qui se pût imaginer, et même quelque savoir pour son âge. » Cet ouvrage est un exposé de la pensée originale de Papin. Le point de départ de son argumentation est le pajonisme, qu'il pousse à des conclusions extrêmes, que la prudence et le talent avaient fait éviter à son auteur. Les Réformés de Dordrecht avaient été plus calvinistes que Calvin ; Papin sera plus pajoniste que Pajon. Etant données d'une part l'importance au point de vue dogmatique des affirmations de Papin, qui sont comme la synthèse de toutes les tentatives d'émancipation de la pensée religieuse au XVIIe siècle, et, d'autre part, l'extrême rareté de ce petit

(1) Lettre de Papin à Jurieu, citée par Chaufepié.

ouvrage, presque introuvable aujourd'hui, (1) il ne nous semble pas superflu d'en donner ici une courte analyse.

Papin reconnaît deux sortes de connaissances par rapport à la Religion : celle de l'objet de la foi, et celle des arguments sur lesquels la foi se fonde. Dans le traité que nous étudions, il ne parle que de l'objet de la foi et fait voir que l'on exige des chrétiens plus de connaissances qu'il est nécessaire d'en avoir pour être sauvé. Le seul *mot « je crois »* donne lieu à des spéculations sans fin sur la cause, la nature, le sujet, l'objet, la durée de la foi et chacun de ces points contient naturellement un dogme très important. (2) Que de termes barbares inconnus à l'Ecriture et forgés par l'Ecole ! Les rejeter est plus que suffisant pour être déclaré *hérétique*. Cependant il serait si simple de prendre l'Ecriture sainte pour base de la foi, et le symbole des apôtres comme Confession de foi. Le moyen de reconnaître la vraie et la fausse religion est facile et infaillible. Ajouter ou retrancher à l'Ecriture et au Symbole est le signe de la fausse religion. L'Eglise catholique ajoute et retranche ; donc nous devons lui résister et nous tenir fermes aux termes de l'Ecriture et du Symbole (3) Il est permis cependant d'expliquer ces termes en y ajoutant des articles *négatifs* mais jamais *positifs*. Ainsi, après avoir dit : *Nous croyons* en Dieu le Père, ajoutons : *mais nous ne croyons pas* l'infaillibilité de l'Eglise, l'autorité absolue du pape, la transsubstantiation, etc... D'où il suit que personne n'a le droit d'interpréter les déclarations de l'Ecriture à sa manière, im-

(1) Nous devons à l'obligeance de M. F. Puaux d'en avoir eu un exemplaire entre les mains.

(2) *La Foy réduite à ses justes bornes*, p. 2.

(3) *La Foy réduite...*, p. 5.

poser son interprétation et dominer ainsi sur la foi des autres. Tous les hommes sont égaux et sujets à se tromper. Les conséquences qui paraissent naturelles aux uns ne le sont pas pour d'autres. Si elles étaient véritablement infirmées dans l'Ecriture, elles seraient claires et s'imposeraient nécessairement à tous ceux qui recherchent la vérité avec sincérité. (1)

Il y a dans l'Ecriture deux sortes de passages : ceux qui doivent être pris à la lettre et ceux qui ont un sens caché. Dans ces deux paroles de Jésus-Christ : « *Moi* et le Père nous sommes un », et « mon père est plus grand que *moi* », le mot *moi* a deux sens différents. Dans le premier cas il signifie *moi Dieu*, dans le second, *moi homme*. L'interprétation de ces passages est la source de « toutes querelles et disputes ». Chacun veut être persuadé que son interprétation est la seule vraie, la seule raisonnable, la seule orthodoxe. Dieu ne nous commande pas de nous mettre tous d'accord sur le sens de tel ou tel passage, sinon de rester divisés et de nous haïr ; mais d'avoir de la charité et du support les uns pour les autres. Son Fils a dit : « C'est à ceci que le monde connaîtra que vous êtes véritablement mes disciples, si vous vous aimez les uns les autres ». Autrement, si nous devions être tous du même avis pour nous aimer, il aurait fait décider nos questions par les Apôtres ; ou bien il nous aurait donné une autorité infaillible pour terminer nos disputes. Quelle apparence qu'un père qui, en mourant, ne nous recommande que la paix, la concorde et l'union, nous laisse dans son testament mille occasions inévitables de querelles et de procès, sans que nous ayons des juges et

(1) *La Foy réduite*, p. 7.

des arbitres de nos différends, capables de nous accorder (1). Le devoir des chrétiens est de s'entr'éclairer, de se faire part mutuellement de leurs lumières, mais non de se considérer comme les directeurs de leurs frères, et de croire qu'ils ne sauraient être sauvés s'ils n'entrent dans nos sentiments. Il y aura toujours des hérétiques ; maisà quoi les reconnaître ? Les hérétiques sont ceux qui ajoutent ou retranchent à *ce qui a été évangélisé* ; ce sont ceux qui, non seulement affirment des choses qui ne sont pas dans l'Ecriture, ou nient celles qui y sont contenues, mais surtout qui veulent faire recevoir leurs interprétations de la parole de Dieu, avec autant de respect et de soumission que le texte lui-même, et que si elles étaient dictées par l'Esprit de Dieu. Ceux-là sont les auteurs de tous les schismes qui se produisent dans l'Eglise et ils auront à en rendre compte au dernier jour (2).

Les Confessions de foi ne devraient être regardées que comme des *thèses de théologie*, dont chacun aurait la liberté de prendre ou laisser ce que bon lui semble. C'est ainsi que calvinistes et luthériens pourraient se rencontrer tous dans l'unité de la foi salutaire, puisqu'ils reçoivent tous le symbole de l'union fraternelle et chrétienne, savoir l'*Ecriture Sainte* et le *Symbole des Apôtres*. Ils devraient tous s'unir pour condamner la témérité de ceux qui osent y ajouter ou y retrancher, et convenir qu'il n'est point nécessaire à salut de recevoir rien de positif au delà de ce qui est formellement enseigné dans l'Ecriture et le Symbole. A qui Jésus-Christ a-t-il dit : « Je suis avec vous jusqu'à la fin du monde »? Au calviniste ou au

(1) *La Foy réduite...*, p. 14.
(2) *Ib.*, p. 27.

luthérien ? à l'orthodoxe ou à l'hérétique ? Ni à l'un ni à l'autre exclusivement, mais à *ses disciples*, à tous ceux qui observent le grand et nouveau commandement de l'amour réciproque. Il faut encore distinguer entre les *vérités morales* et les *vérités spéculatives*. Les premières doivent être unanimement acceptées sans donner lieu à controverse. Ainsi chacun doit savoir et reconnaître que le chrétien a pour attributs la sainteté, la justice, la charité. Mais pour les vérités controversées entre chrétiens, elles ne peuvent l'être qu'à cause de leur obscurité, et, par le fait qu'elles sont obscures, la connaissance n'en est pas essentielle (1).

Les Synodes et *les Conciles* sont nécessaires et utiles pour examiner la doctrine, pour en conférer, pour tirer des conclusions de l'Ecriture, et savoir l'avis des docteurs touchant l'explication des passages difficiles. Pour atteindre ce but, certaines conditions indispensables doivent être remplies. 1° Chacun doit pouvoir exprimer librement son avis ; 2° la minorité ne doit pas être contrainte de souscrire aux décisions de la majorité ; 3° les avis du petit nombre doivent être aussi fidèlement rapportés que ceux de la majorité ; car il peut arriver qu'un habile homme qui est tout seul de son sentiment, raisonne mieux que cent autres qui seraient d'avis contraire ; 4° les fidèles ne doivent pas être obligés d'avoir plus de déférence pour les opinions du grand nombre que pour celles du petit nombre ; 5° et quand bien même il y aurait accord parfait entre les membres du synode, ses décisions doivent être considérées simplement comme des *avis* de docteurs autorisés, mais sujets à se tromper, et non comme des

(1) *La Foy*, p. 35-41.

vérités infaillibles. C'est ainsi qu'agit le synode de Jérusalem, où il fut résolu de ne point imposer la circoncision aux fidèles sortis du paganisme. Les Apôtres ne veulent dominer sur la foi de personne, et permettent à chacun de suivre les mouvements de sa conscience. Dans la primitive église, on ne se croyait pas obligé de considérer les Apôtres comme étant toujours les organes du Saint-Esprit. Eux-mêmes ne se posaient pas comme infaillibles. « *Il a semblé bon au Saint-Esprit et à nous,* disent-ils, et non pas : *nous avons décrété de par le Saint-Esprit* ». L'autorité de Dieu est sans conteste ; on doit s'y soumettre aveuglément. Il n'en est pas de même de celle des Apôtres ; bien que leur autorité soit grande, elle n'égale pas celle de Dieu et de Jésus-Christ. Ils sont hommes de leur nature. La sagesse et l'infaillibilité ne sont point renfermées dans leur essence. Ils ne sont certains de posséder l'une et l'autre, dans les questions qui ne sont pas claires d'elles-mêmes, que s'ils sentent que l'Esprit de Dieu les conduit et les inspire. « Si un concile, dit Papin comme conclusion, composé des Apôtres et des premiers docteurs de l'Evangile, ne s'est pas attribué le pouvoir de dominer sur les consciences, et permit que chaque fidèle examinât ses conclusions, et ne les approuvât qu'autant que ses lumières le lui permettraient, en conscience, tous les conciles et les synodes qui se sont assemblés depuis, auraient-ils jamais dû prétendre que l'on se soumît à leurs décrets, et qu'on souscrivit à leurs conclusions ? Et pouvons-nous croire que nos opinions particulières puissent être des lois pour les autres qui sont aussi habiles que nous ? Et s'ils ne veulent y souscrire, les traiterons-nous d'hérétiques et les retrancherons-nous de notre communion, bien qu'ils veuillent bien y rester, et ne demandent que la liberté de leurs consciences? Aurons-nous la hardiesse de mettre dans nos symboles : *Telle est la foy catholique, laquelle si chacun n'embrasse fermement, il ne pourra être sauvé* ? (Symbole d'Athanase). En vérité, l'esprit qui nous fait agir de la sorte est bien différent de l'esprit de saint Paul, et en général de l'esprit de l'Evangile. Plût à Dieu que tous les chrétiens fissent de sérieuses réflexions là-dessus, et se souvinssent que là où est l'esprit du Seigneur là est la liberté, et que l'esprit du Christianisme est un esprit de liberté de conscience, de douceur et de charité (1).

C'était bien le principe de la liberté de conscience qui s'affirmait, non sans quelque autorité, dans ce livre de Papin. Son but évident était la ruine de l'orthodoxie rigide. Bayle l'avait ainsi compris et formellement déclaré dans sa préface. « Ce livre prouve surtout avec la dernière évidence que l'autorité des Conciles et Synodes ne peut jamais prévaloir sur la conscience des particuliers. »

L'orthodoxie se sentit réellement menacée par cette nouvelle doctrine de Papin qui devenait « la plus dangereuse des hérésies, car elle les renfermait toutes. » Jurieu accusa Papin de socinianisme, et lui écrivit cette parole étrange pour un vieux lutteur comme lui. « Tout aussitôt que le monde croira que le socinianisme est une religion fort tolérable et que la foy du mystère de l'Incarnation et de la Trinité n'est plus nécessaire, il est constant que dans peu de temps l'Eglise sera socinienne. » Jurieu comprit le danger, et sans perdre son temps à réfuter l'hérésie, il commença par faire condamner l'ouvrage et son auteur. Ce jugement fut prononcé, sans que Papin fut appelé

(1) *La Foy réduite*, p. 106-116.

pour se défendre et se justifier, par le Synode de Bois-le-Duc (septembre 1687).

Au retour du pasteur que Papin avait remplacé, il partit et vint à Groningue et de là à Rotterdam (novembre 1687). La condamnation qui venait de l'atteindre lui fit comprendre que l'église wallonne lui était à jamais fermée. Muni des lettres de recommandation de M. Burnet, il voulut se rendre à Berlin dans l'espoir d'y trouver une église où il put exercer son ministère. Il quitta la Hollande et passa par *Hambourg ;* il vit *M. de la Conseillère*, pasteur de cette ville, qui, après avoir lu les lettres du docteur Burnet et le « témoignage » de l'église française de *Leuwarden*, lui demanda, selon sa coutume, « de leur donner un plat de son métier. » Papin s'en acquitta avec beaucoup de succès et à la grande satisfaction du Consistoire qui le pria de se fixer à Hambourg, et lui promit un traitement. Papin accepta cette offre, avec d'autant plus d'empressement qu'il venait d'apprendre par une lettre de sa sœur que Jurieu l'avait dénoncé à l'église de Berlin. A partir de ce moment, il prit le parti prudent de se taire, et, malheureusement pour lui, fut contraint par les circonstances d'entrer dans la voie de dissimulation qui devait le conduire à l'hypocrisie et plus tard au mensonge. Il ne fit point connaître au Consistoire de l'église de Hambourg qui il était, ni ce qu'il avait écrit, ni la condamnation du Synode de Bois-le-Duc. Il eut soin de ne pas accentuer ses opinions personnelles dans sa prédication. Mais arriva bientôt une lettre de Jurieu faisant connaître au Consistoire tout ce qui en était. Se voyant dénoncé et censuré par les amis mêmes qui l'avaient reçu, Papin pria quelques personnes qui s'intéressaient à lui de vouloir bien écrire à Jurieu, et solliciter de lui l'oubli du passé. *La maréchale de Schom-*

berg, M. *Brunsenius*, de Berlin, et M. *de la Conseillère* écrivirent en sa faveur. Ce dernier, sans vouloir disculper son protégé, en disait cependant du bien : « Nous ne fîmes aucune difficulté de le faire prêcher au milieu de nous, et jusques icy je ne vois personne qui, bien loin d'estre choqué de sa doctrine et de sa conduite, ne témoigne estre édifié de l'une et de l'autre... On juge de ses sentiments par ses prédications dans lesquelles il ne paraît pas moins ennemi du socinianisme et des erreurs du papisme que des idolatries du paganisme. » Sur l'avis de M. de la Conseillère, Papin écrivit une longue épitre à Jurieu pleine de déférence et de respect : c'est la lettre d'un pénitent qui implore le pardon et l'oubli du passé, mais qui cherche plutôt à justifier ses erreurs qu'à les rejeter. (1) Jurieu fut inflexible. Il écrivit à Papin une lettre qui laisse entrevoir la supériorité qui triomphe et s'affirme. Il proteste d'avoir jamais eu de mauvais sentiments à son égard, et de n'avoir agi que dans l'intérêt de la vérité. « Que voulez-vous, monsieur, que nous fassions pour vous, après ce que vous-même avez fait contre vous? L'intérêt et la part que vous avez voulu me donner dans vos ouvrages n'est rien; je vous remets cela de grand cœur, et le public vous le remettra encore plus aisément. Mais que fera-t-on de la doctrine répandue dans vos deux ouvrages ? (2) Si vous pouvez me fournir un moyen de vous tirer de tous ces mauvais pas, je vous y aiderai de bon cœur. Mais je n'en connais pas d'autres que ceux-ci : c'est que vous fassiez une rétractation de vos sentiments aussi solennelle et de même nature que la publication que

(1) Chaufepié, art. *Papin*, Rem. C.

(2) *La Foy réduite à ses justes bornes*, et *Essais de Théologie.*

vous en avez faite ; en second lieu, que vous travailliez à faire lever la censure jetée contre vous dans le Synode. Car autrement aucune Eglise Réformée ne vous peut recevoir dans ses chaires sans violer les droits de l'Union. » (1).

Après un tel échec, deux alternatives également honorables se présentaient à Papin : suivre l'avis de Jurieu et faire sa soumission, ou bien, si sa conscience s'y opposait, quitter le ministère, du moins dans les Eglises réformées. Il ne choisit ni l'une ni l'autre et se décida pour la dissimulation, dans l'espoir chimérique d'un retour de l'opinion publique en sa faveur. De *Hambourg* il alla à *Dantzig*, où quelques amis l'avaient appelé. A partir de ce moment, comme nous le verrons plus en détail dans le chapitre suivant, les idées de Papin se modifièrent considérablement. Il fit d'amères réflexions sur *l'autorité en matière de foi* qu'il avait combattue et dont il était la victime. Il se prit alors à désirer une autorité vraiment légitime contre laquelle on ne pût pas s'insurger. Nous allons voir de quel côté son choix inclinait.

A peine était-il installé à *Dantzig* qu'un des anciens, secrétaire de l'Eglise, M. le Pic, écrivit à Jurieu pour lui demander quelques renseignements sur Papin. Jurieu répondit « selon sa conscience » ce qu'il savait, affirmant que Papin était sous le coup de la condamnation du synode de Bois-le-Duc. Il s'avança trop en disant qu'il allait envoyer l'acte d'accusation ; car à la requête d'un ami de la famille de l'accusé, la défense de prêcher dans les Eglises wallonnes n'avait été que verbale ; aucun acte public n'en avait été dressé. Papin opposa le démenti le plus formel à l'affirmation de Jurieu, le sommant même

(1) Chaufepié, art. *Papin*, Rem. D.

de produire l'acte auquel il faisait allusion. C'en était assez pour lui attirer une condamnation nouvelle et définitive. Le Synode de *La Haye*, réuni en septembre 1688, fut saisi de l'affaire, examina le livre incriminé, et déclara par écrit cette fois : « que le sieur Papin ayant abusé en plusieurs manières de l'indulgence du Synode de *Bois-le-Duc*, déclare par cet article qu'il est inadmissible parmi nous et dans nos chaires. » (1).

Le Consistoire de Dantzig ne voulut point brusquer la situation ; il se contenta de présenter à la signature de Papin *l'acte d'uniformité de Rotterdam* (1686). Celui-ci refusa catégoriquement, déclarant qu'il préférait retourner en Angleterre, où l'Eglise qui l'avait ordonné n'imposait pas de pareilles lois. On s'étonne de son refus de signer « en compagnie de nombreux ministres. » Il répond alors : « Si un protestant a tort de ne point se soumettre à un Synode, le corps des protestants a donc eu tort de ne pas se soumettre aux décisions du Concile de Trente. S'il y a quelque autorité à laquelle on doit se soumettre, c'est celle de ce Concile. » Malgré cette déclaration, qui nous donne la clef des événements qui vont suivre, il resta encore deux mois à Dantzig, pendant lesquels il correspondit avec Bossuet sur son désir de rentrer en France et d'embrasser la religion romaine. Ce prélat lui répondit d'une manière fort encourageante. Papin revint à Hambourg où il se maria. L'histoire de son mariage est trop étroitement unie à celle de son apostasie pour que nous puissions en parler ici. Ce sera le sujet du chapitre suivant.

(1) Article 34 du Synode de La Haye, 15 septembre 1688.

CHAPITRE IV

Retour de Papin en France

Son mariage. — Son passage à Douvres, Calais. — Son arrivée à Paris. — Son apostasie. — La « Tolérance des Protestants ». — Sa mort.

Papin, avons-nous dit, quitta Dantzig et revint à Hambourg, en 1688, où il se maria. Pour nous rendre compte de l'évolution de ses idées, il nous faut revenir en 1687, époque à laquelle il vint pour la première fois à Hambourg et où il fut chargé, par le Consistoire de l'Eglise française, de faire des services de quinze en quinze jours. C'est dans cette ville qu'il fit la connaissance de *Mlle Viard,* qui devint sa femme. C'était une Française, victime de la Révocation de l'édit de Nantes. Elle avait dû quitter la France au prix de mille dangers. Plusieurs fois elle tenta de franchir la frontière- Un jour entre autres, des amis lui persuadèrent de se déguiser en homme. « Son zèle pour quitter le royaume lui fit donner dans cet expédient ». L'habit fut acheté ; mais, dit-elle, « lorsque j'étais déjà travestie et prête à monter à cheval, je me trouvai toute émue et tremblante ; je sentis que je n'étais pas propre à soutenir un tel personnage, et je repris les habits de mon sexe, résolue d'attendre et de chercher une occasion plus favorable (1) ». Elle se présenta en octobre 1686, et

(1) Biographie de Papin, écrite par sa veuve, p. 81.

Mlle Viard arriva chez son frère qui résidait à Hambourg. Elle assista à la première prédication de Papin dans cette ville (janvier 1687). Celui-ci avait l'air si chétif que la demoiselle dit à son amie, en le voyant monter en chaire : « Qu'est-ce que ce jeune homme prétend faire? Il n'aura jamais la force de dire deux mots ». Elle changea bientôt d'avis en entendant « sa voix de tonnerre remplir son auditoire et charmer ses auditeurs ». Les deux jeunes gens firent connaissance et se fiancèrent. Dans leurs entrevues ils s'entretenaient souvent des querelles dogmatiques et de l'intolérance alors à l'ordre du jour. Ils en vinrent à cette conclusion qu'il est de l'essence de la religion d'être soumise à une autorité légitime, et se demandaient si l'autorité du Concile de Trente n'était pas préférable à « l'arbitraire des synodes protestants ». D'après les déclarations de Mme Papin, dans la préface des œuvres catholiques de son mari, ils auraient pris la résolution de se faire catholiques et de rentrer en France déjà dès le mois de février 1687. Ce serait donc après avoir pris cette décision, que Papin aurait exercé le ministère à Hambourg, puis à Dantzig. Leur mariage eut lieu en 1688. Leur projet de retour était encore secret, et il est douteux qu'ils en aient fait part à leurs parents au moment de leur mariage. « Nos mères, dit Mme Papin, accordèrent leur permission à notre union dans l'espérance que nous irions nous établir en Angleterre, où M. Papin avait de puissants amis ; nous leur avions marqué que nous retournerions dans ce royaume, et en effet, ce fut par là que nous prîmes notre route pour revenir en France. » Papin écrivit à Mme Pajon, veuve du pasteur d'Orléans, qui avait abjuré le protestantisme avec ses trois fils, pour lui demander si, se faisant catholique, il rentrerait dans les biens qui lui avaient été confisqués. La veuve de son ancien maître se mit à sa disposition pour mener à bonne fin cette affaire, et lui assura que tout lui serait rendu. Quinze jours après son mariage, Papin s'embarqua pour l'Angleterre avec sa femme. Après une pénible traversée, qui dura six semaines, ils débarquèrent à Londres au moment des troubles politiques occasionnés par la révolution du prince Guillaume III d'Orange.

De Londres, Papin va seul à Douvres pour ne pas éveiller les soupçons. Il ne peut s'embarquer faute de passe-port. Pour s'en procurer un, il s'adresse au pasteur français de cette ville, lui disant qu'il a l'intention de retourner en France « pour un bon dessein ». Le pasteur croit que c'est pour exhorter les protestants persécutés, le « loua fort de son projet », le fait prêcher une fois à sa place, et lui donne ce qu'il demandait. A son arrivée à *Calais*, Papin fut arrêté par le gouverneur, M. *de Laubanie*, qui, sans écouter ses explications, le prit pour un prédicant, lui enleva tous ses papiers, et le menaça « de le jeter dans un cul de basse-fosse, si l'on en trouvait sur lui seulement grand comme l'ongle ». Sur des avis favorables reçus de Paris, et surtout sur l'intervention personnelle de *Vauban*, en passage à Douvres, Papin fut relâché et put justifier de son projet. M. *de Laubanie* se l'attacha comme chapelain de son château et confesseur des protestants contraints d'abjurer.

Mme Papin qualifia de « stratagème innocent » la conduite hypocrite de son mari envers le pasteur de Douvres. Quand elle voulut rejoindre son mari, elle s'adressa à ce même pasteur ; mais le « stratagème innocent » ne lui réussit pas. Car le pasteur avait été informé que le gouverneur de Calais « faisait venir les Protestants au château pour recevoir instruction de M. Papin ». Il la menaça de la faire dénoncer. Celle-ci se procura à l'ambassade d'Espagne un passeport avec lequel elle put s'embarquer sous le nom de « *demoiselle Casinapy*(1) ». Elle avait hâte de gagner la terre française; car elle était enceinte et ne voulait pas que son enfant naquît sur terre hérétique. Une fois réunis (21 décembre 1689), les deux transfuges « remercièrent Dieu de leur heureuse délivrance et du bonheur d'être bientôt admis dans la sainte religion (2) ».

Ils vinrent à Paris chez *Desmahis*, ancien pasteur d'Orléans, renégat comme eux, qui leur fit avoir plusieurs entrevues avec Bossuet. Ce prélat eut bientôt terminé l'instruction de ses deux néophytes et le « 15 janvier 1690 ils prononcèrent leur abjuration solennelle dans l'Eglise des Pères de l'Oratoire de la rue Saint-Honoré. »

Ce triste événement donna lieu à des appréciations diverses et contradictoires qui rendent bien difficile d'arriver à connaître la vérité. Les orthodoxes prirent occasion de cette abjuration pour dénoncer plus fortement que jamais, comme pernicieux et ennemi de la religion, tout ce qui ne se soumettait pas à leurs décisions. C'est ainsi que Jurieu, poursuivant jusque dans l'Eglise catholique celui qui aurait dû être mort pour lui, écrivit une longue satire sur la vie et les sentiments de Papin. Cet écrit a pour titre : « *Lettre pastorale aux Fidèles de Paris,*

(1) *Casinapy* est l'anagramme d'Isaac Papin.

(2) Il ne faut pas oublier que nous tenons ces détails de Mme Papin. Œuvres de feu M. Papin, publiées par sa veuve (1723), tome I. Introduction.

Blois et Orléans (1), *sur le grand scandale arrivé à Paris le 15 janvier 1690, par l'apostasie de M. Papin, qui a renoncé à la Religion Réformée entre les mains de M*r *l'évêque de Meaux, dans l'Eglise des Pères de l'Oratoire, où l'on voit les tristes suites de l'esprit d'indifférence sur les Religions.* » Jurieu triomphait ; et en effet l'apostasie de Papin fut un argument contre l'esprit d'indépendance et les idées de tolérance beaucoup plus concluant que tous les décrets et condamnations des Synodes. Une chose restait indéniable, c'est que l'esprit d'indifférence conduisait droit au scandale des apostasies.

D'autre part, les partisans des idées soutenues jadis par Papin, ne virent dans son abjuration que la conséquence forcée des persécutions dont il fut l'objet. La faute de ce scandale en serait d'après eux non au principe soutenu, mais aux persécutions des « rigides ». C'est dans ce sens que s'exprime le célèbre Bayle, qui ne manquait d'ailleurs pas une occasion de dénigrer Jurieu : « Vous sçavez, dit-il, que Papin s'est révolté, ce qu'il n'aurait pas fait si la réfutation qu'il a faite d'un livre de notre faux prophète, ne l'eût exposé à la persécution violente de ce fanatique qui, ne pouvant disconvenir des contradictions et des sophismes dont Papin l'avait convaincu, se vengea en écrivant partout qu'on se gardât bien de donner de l'emploi au sieur Papin ; que c'était un dangereux hérétique. Il eut beau chercher du pain en Angleterre, en Hollande,

(1) La Haye 1690. in-4. — Nous n'avons pas pu nous procurer cette lettre, d'ailleurs introuvable aujourd'hui. Nous n'en connaissons qu'un exemplaire actuellement à la bibliothèque de Leyde. Papin cite quelques passages de cette lettre dans sa « réponse à Jurieu. » Voir : *La Tolérance des Protestants*, p. 395 et ss.

en Allemagne, il y trouva partout la porte fermée par les menées de son ennemi. » (1)

Il est un troisième jugement que nous devons signaler et qui porte non sur les idées ou sur leurs représentants, mais sur le caractère personnel de Papin. Nous avons déjà cité le jugement de Chaufepié sur le jeune étudiant de Saumur : Dès ce temps-là, le sieur Papin avait déjà des principes fort relâchés sur la religion. Cette appréciation revient à plusieurs reprises, sous une forme ou sous une autre, dans les notes du chroniqueur, qui, sans préciser autrement, nous laisse comprendre que Papin ne fut jamais un vrai protestant, et que la religion catholique eut toujours ses sympathies. Nous devrions en conclure que Papin, pasteur en Angleterre, en Hollande, en Allemagne, joua partout la comédie, et ne fut qu'un hypocrite. Une telle conclusion, l'étude impartiale que nous venons de faire de la vie et des écrits de Papin, ne nous permet pas d'y souscrire. Cette accusation, que nous croyons fausse, fut accréditée dans l'esprit de bon nombre de Protestants d'alors par les déclarations intempestives et intéressées d'une confrérie de Jésuites connus sous le nom de *Journalistes de Trévoux* (2). Lisant dans les écrits de Papin que, d'après le principe de la réforme, qui est le libre examen, les Protestants devraient s'unir avec les Catholiques, à la condition pour ceux-ci d'abandonner

(1) Lettre de Bayle à Minutoli, 11 novembre 1692, citée par Chaufepié.

(2) Trévoux, vieille ville sur la Saône. En 1695, Louis-Auguste de Bourbon y établit une imprimerie qui devint célèbre. Les Jésuites y fondèrent, avec l'aide de ce prince, un journal littéraire connu sous le nom de *Mémoires de Trévoux*, qui compta parmi ses rédacteurs les P.-P. Le Tellier, Buffier, Tournemine, Du Cerceau, Catrou, etc. — Voir Encyclopédie Lichtenberger, art. *Trévoux*.

leur idolâtrie, de ne plus rien ajouter ni retrancher à la Sainte-Ecriture (c'est-à-dire de ne plus être catholiques), ces journalistes le représentent comme attaché de cœur, sinon de fait, à l'Eglise romaine. Ils le montrent faisant une active propagande en faveur de cette Eglise, surtout parmi les rénégats du protestantisme et jusqu'au sein de sa propre famille. Il prit même la défense des apostats, et, disent-ils, personne n'était plus en état d'entreprendre une telle défense ; « c'était une de ces âmes fermes, incapable de trahir les mouvements de sa conscience et d'asservir sa bouche ou sa plume à la passion des Calvinistes, quand il voyait qu'ils ne suivaient pas le principe de leur religion. » (1). Nous ne pouvons voir dans les affirmations de ces *Messieurs* qu'un parti-pris de dénaturer le caractère d'un homme au profit de leur cause. Nous croyons pouvoir justifier notre dire en citant quelques lignes écrites par cet homme à « l'âme fière », « incapable de trahir les mouvements de sa conscience. » « Ceux qui s'attribuent aujourd'hui le titre de catholiques, sont exclus dans mon esprit du nombre des disciples de Jésus-Christ, parce que je n'en vois pas de plus orgueilleux et de plus superbes qu'eux. Je trouve qu'ils en sont venus jusqu'à s'asseoir comme *dieux* au temple de Dieu, et à se porter comme s'ils étaient des *dieux*, puisqu'ils s'élèvent au-dessus de tout ce qui est nommé Dieu, Jésus-Christ, au-dessus des princes et des rois, puisqu'ils attribuent l'infaillibilité à leurs assemblées et à leurs conciles, en un mot, puisqu'ils veulent que les consciences se soumettent aveuglément à leurs décisions. C'est là le comble de l'orgueil, et, par conséquent, c'est manifestement l'es-

(1) Chaufepié, art. Papin. Rem. A.

prit de l'Antechrist. » (1). Papin écrivait ces paroles au lendemain de la Révocation, c'est-à-dire à un moment où il aurait eu tout à gagner à se faire catholique. S'il était si bien disposé pour l'Eglise romaine, c'était le moment de se faire papiste ; son apostasie eut passé inaperçue comme celle de tant d'autres Protestants ; en tout cas, elle n'eut pas causé le scandale produit en 1690, alors qu'il renia la foi qu'il avait prêchée et défendue pendant plusieurs années. Nous nous rangeons du côté de Mme Papin, qui, fervente catholique, nous déclare que ce fut au commencement de 1687 que, fatigué de la lutte inégale qu'il soutenait contre un adversaire tout puissant, Papin fut effrayé des conséquences extrêmes de son principe qui était la négation de toute autorité extérieure en matière de foi, et se persuada que l'essence de la religion était d'être soumise à une autorité légitime et sans appel. Nous avons vu comment il préféra Trente à Dordrecht.

Papin alla se fixer à Blois, son pays natal. Il écrivit beaucoup en faveur de sa nouvelle religion. Son unique but était de travailler à l'éclaircissement des matières de la Religion et au moyen de réunir à l'Eglise les « *frères errants.* » Il combattit les idées de tolérance, de libre examen et de liberté de conscience avec le même zèle qu'il les avait autrefois défendues : Châtiment humiliant d'une conscience qui a fait banqueroute !

Le principal ouvrage que publia Papin apostat fut sa réponse à la « lettre pastorale de Jurieu aux fidèles de Paris, d'Orléans et de Blois... » qui parut en 1692 sous ce titre : « *La Tolérance des Protestants.* » (2) « Ce

(1) La *Foy réduite à ses justes bornes*, p. 37.

(2) *La Tolérance des Protestants et l'Autorité de l'Eglise, ou réponse au libelle de M. Jurieu, avec une lettre à M. Jurieu sur ce*

fameux ouvrage, dit le P. Niceron (1), renferme deux réflexions principales, lesquelles forment le syllogisme suivant : « La liberté que les Protestants doivent nécessairement accorder à chaque particulier d'interpréter à sa fantaisie la Parole de Dieu, et de suivre la vérité telle qu'il la connaît par ses propres recherches, conduit inévitablement à la tolérance universelle, non seulement de toutes les sectes qui se disent chrétiennes, mais encore de la religion des Juifs, des mahométans, des païens, et même de l'irréligion des athées. Or, la tolérance de toutes les sectes tend directement à l'anéantissement du christianisme. C'est donc directement à l'anéantissement du christianisme que conduisent nécessairement les principes de la prétendue Réforme. Il n'y a donc pas d'autre parti à prendre, pour éviter une si pernicieuse tolérance, que de revenir à l'autorité de l'Eglise catholique. » Ce n'est plus de la controverse ; c'est de la caricature.

Pour se distraire des travaux arides de la polémique, Papin cultiva la chimie et la physique. Il perfectionna une machine inventée par son oncle, le célèbre *Denys Papin*, pour extraire des os une substance capable de nourrir, à peu de frais, un grand nombre de personnes. Pendant l'hiver de 1693, il put fournir du bouillon tous les jours à plus de quarante pauvres.

Les excès de travaux avaient ruiné sa santé délicate. En avril 1709 il fit un voyage à Paris pour surveiller une

qu'il y a de personnel dans ce libelle, par I. Papin, ci-devant prêtre de l'Eglise anglicane, et à présent réuni à l'E. catholique, Paris, 1692. — La deuxième édition parut à Liège, en 1713, sous cet autre titre : *Les deux voies opposées en matière de Religion, l'Examen particulier et l'Autorité.*

(1) Mémoires des hommes illustres, T. III, p. 21. Cité par Chaufepié.

nouvelle impression de ses ouvrages. Il tomba malade et mourut loin de sa famille. Il fut enterré à *Saint-Benoît*, comme un pauvre, selon son désir. Son épitaphe portait simplement son nom et la date de sa mort : *Isaac Papin, 19 juin 1709.*

Les dernières paroles qu'il prononça furent adressées à sa femme ; il les dicta au P. Germon, son confesseur : « J'ai vécu pour vous dans le temps, je me prépare à vivre pour Dieu dans l'éternité, ce qui fait toute ma consolation. Tout le reste n'est rien et moins que rien. Il ne faut vivre les uns et les autres que sur ce pied-là sur la terre. Consacrez-vous à Dieu autant qu'il vous en donnera la vocation ; c'est le seul objet qu'on doit aimer, et comme rien ne nous le représente sur la terre que la vérité, il n'y a aussi que la possession de cette vérité qui nous puisse dédommager du malheur que l'on a de ne le posséder pas encore lui-même dans ce monde. Je vous en dirais davantage ; mais la sécheresse de ma voix ne le permet pas. J'embrasse toute votre famille ! »

CONCLUSION

Parvenu au terme de notre travail, il ne nous reste plus qu'à jeter un coup d'œil d'ensemble sur cette figure dont nous venons d'esquisser les traits les plus originaux. Nous avons poursuivi cette étude sans passion, comme aussi sans froideur ; mais avec un intérêt toujours grandissant. Car nous nous sommes livré moins à l'examen d'un certain nombre de faits historiques, ou même d'un système dogmatique, qu'à l'étude d'une conscience, par la constatation des divers développements qu'elle a subis. Prise au point de vue purement historique, la vie de Papin n'est pas d'un intérêt excessif, nous l'avouons sans peine. Aussi serait-il puéril à nous, cédant à un désir cependant bien légitime en soi, de vouloir exciter l'enthousiasme et l'admiration pour un homme coupable, en somme, d'une grande défaite morale. Si nous l'avons tiré de la nuit de l'oubli où il était enseveli, ce n'est point pour le justifier, mais pour étudier en lui l'histoire d'un esprit, ou mieux d'une conscience qui, voulant s'élever au-dessus des limites étroites qu'on lui imposait, les a momentanément franchies ; mais n'a pu se maintenir à la hauteur du principe généreux qu'elle avait entrevu, et, soit faiblesse ou dépit, est retombée plus bas que son point de départ.

Essayons de retracer rapidement les diverses étapes qu'a parcourues la conscience religieuse de Papin. Il est plus que probable que la croyance de son enfance était la foi traditionnelle, celle pour laquelle étaient morts tant de Huguenots obscurs, mais héroïques dans leur fidélité,

Quand vint pour lui le moment des études, son esprit s'ouvrit, comme nous l'avons vu, à toutes les questions de philosophie et de dogmatique. Les études, moment terrible et décisif, où les traditions chéries de l'enfance s'en vont les unes après les autres emportées par le souffle de la critique, moment de crise et de luttes intérieures, suivi de défaite pour les uns et de victoire pour les autres, épreuve salutaire d'où la foi sort plus pure et triomphante, les études, disons-nous, eurent, entre autres résultats, celui d'attirer plus spécialement l'attention de Papin sur ce principe en honneur parmi les Réformés, « qu'on ne doit regarder pour un point fondamental et nécessaire au salut que ce qui est contenu clairement dans l'Ecriture. » De ce principe Papin tire cette conséquence naturelle « qu'on ne saurait donc tomber dans aucune hérésie pernicieuse et intolérable en se tenant inviolablement attaché aux termes mêmes de l'Ecriture, et qu'on ne doit faire procès à personne sur les différentes interprétations de cette Ecriture, pourvu qu'on en garde les termes. » Nous comprenons alors cette définition qu'il donne de la foi suffisante au salut : « Croire que Jésus-Christ est mort, qu'il est ressuscité, qu'il est monté au ciel, que les morts ressusciteront, que Jésus-Christ viendra pour juger les vivants et les morts et rendre à chacun selon ses œuvres. » Toutes ces expressions sont clairement exprimées dans l'Ecriture et dans le Symbole des Apôtres. Vouloir y ajouter ou retrancher quoi que ce soit, c'est se séparer de l'Ecriture sainte et par conséquent faire acte d'hérésie. Comme on le voit, ces « justes limites » et ces « véritables bornes » données par Papin à la foi, étaient bien définies, et logiquement déduites du principe du Protestantisme que nous venons d'indiquer.

Une fois entré dans la voie des déductions logiques, Papin fut contraint d'aller beaucoup plus loin qu'il ne l'avait prévu. La logique, surtout en matière de religion, est une pente funeste sur laquelle le juste milieu est difficile à garder. Après avoir donné à la foi ses limites positives, Papin est amené à poser des restrictions. S'il est suffisant à chacun de croire aux déclarations précises de l'Ecriture et du Symbole des Apôtres, il est superflu de formuler des dogmes et de vouloir les imposer comme règles de foi. Il ne reconnaît pas l'autorité des Conciles et des Synodes. Les *Apôtres* eux-mêmes n'ont pas cru devoir imposer les décisions du *Synode de Jérusalem* ; à combien plus forte raison les théologiens de son temps devraient-ils s'abstenir de toute prétention à la domination. Chaque fidèle, prenant pour mesure de sa foi l'Ecriture et le Symbole, doit être libre d'expliquer comme bon lui semble la Trinité, l'Incarnation, le péché originel, suivant les lumières de sa conscience. En un mot, Papin réclame la liberté de conscience la plus absolue. Il fait un pas de plus. Cette liberté de conscience, il ne la demande pas seulement pour ceux qui ont adhéré aux principes de la Réforme, Sociniens, Arminiens, Pajonistes; mais il la revendique pour le Catholique, le Pélagien, le Juif. Les Réformés devraient les considérer tous comme frères et ne pas les rejeter de leur communion. Un tel principe n'a plus rien de commun avec la liberté de conscience ; c'est de la licence, ou, pour nous servir de l'expression de Jurieu, de l' « indifférence en matière de religion ».

Ainsi Papin fut successivement partisan et défenseur de la tolérance, de la liberté de conscience et de l'indifférence. Logiquement, il lui restait encore un pas à faire dans le cercle qu'il avait parcouru, pour rejoindre l'extrême opposé. Il le franchit, et, de l'indifférence, tomba dans l'intolérance catholique.

Esprit entreprenant et hardi, mais caractère faible, Papin ne connut pas le secret des convictions fortes : le renouvellement du cœur par l'Esprit de Dieu. Aussi ne comprit-il jamais que la foi, ou le cœur, pour parler le langage de Pascal, a des raisons que la raison ne comprend pas. La coupe à laquelle il voulut boire contenait un breuvage trop généreux pour son tempérament. Il lui monta à la tête.

Enfin, ce que nous reprochons surtout à Papin, c'est d'avoir voulu ramener le protestantisme aux premiers siècles de l'Eglise chrétienne. Il méconnut en cela la grande loi du progrès universel qui s'affirme surtout dans le domaine de la conscience. Le principe chrétien au sein de l'humanité, a été soumis aux lois et variations de l'histoire. Il a subi un développement progressif, et passé par des phases parfaitement déterminées. Ces phases ont chacune leur nom dans l'histoire : c'est d'abord le christianisme messianique, puis le catholicisme et enfin le protestantisme. Le principe chrétien ne pouvait pas ne pas passer par ces trois étapes. Aussi vouloir ramener le protestantisme en arrière, au christianisme de la primitive église, par exemple, c'est condamner son principe à l'immobilité, partant à la stérilité ; c'est méconnaître ce principe même, qui est un principe de vie et, par conséquent, de progrès. D'autre part, vouloir ramener tous les dogmes ou formules dogmatiques au Symbole des Apôtres, c'est emprisonner la pensée chrétienne dans des limites arbitraires, et lui refuser le droit de se développer et de se modifier dans ses manifestations progressives. Une confession de foi est le résumé des dogmes d'une Église particulière ;

en d'autres termes, c'est l'expression plus ou moins adéquate de la foi de l'Eglise, dans une de ses formes particulières, et à un moment donné de l'histoire. Elle est utile, indispensable, non comme étant l'objet de la piété, mais pour la discipliner et maintenir l'harmonie entre chrétiens de même dénomination. Une Eglise sans confession serait une société sans lois. La confession de foi atteindra d'autant mieux le but que nous venons d'indiquer, qu'elle sera plus précise, et laissera moins de place aux interprétations fantaisistes, pourvu que le culte de la lettre soit scrupuleusement écarté. Nous croyons à la nécessité des confessions de foi, mais aussi à leur perfectibilité. Sans doute elles ne sont pas des normes absolues ; tout ce qui est perfectible est nécessairement imparfait, mais nous croyons faire acte de vrai protestant en nous soumettant à celle de notre église, même sous sa forme vieillie, en attendant quelque chose de moins imparfait. Car nous sommes fermement convaincu que la grande évolution de la conscience chrétienne de l'humanité, n'a pas atteint son dernier terme dans le Protestantisme. L'Eglise de Jésus-Christ, quel que soit le nom dont elle se réclame, est comme en travail pour enfanter une expression plus vraie et plus adéquate de sa foi, et réaliser ainsi un progrès de plus vers son idéal, qui est de reproduire dans chacun de ses membres l'image parfaite du Christ. Ce progrès se réalisera certainement en un jour plus ou moins éloigné ; nous en saluons d'avance l'aurore radieuse.

Vu : le doyen,
F. Lichtenberger.

Vu et permis d'imprimer :
Le vice-recteur de l'Académie de Paris,
Gréard.

TABLE DES MATIÈRES

Imp. Typ. et Lith. F. Guy, à Laigle.

www.ingramcontent.com/pod-product-compliance
Ingram Content Group UK Ltd.
Pitfield, Milton Keynes, MK11 3LW, UK
UKHW022127260726
13993UKWH00003B/1291

9 782019 961374